CRITICAL
POINT

临界点

5G时代物联网产业发展趋势与机遇

李晓妍 著

人民邮电出版社

北京

图书在版编目（CIP）数据

临界点：5G时代物联网产业发展趋势与机遇 / 李晓妍著. -- 北京：人民邮电出版社，2020.1（2021.6重印）
ISBN 978-7-115-52502-4

Ⅰ. ①临… Ⅱ. ①李… Ⅲ. ①互联网络－应用－产业发展－研究②智能技术－应用－产业发展－研究 Ⅳ. ①F416.67

中国版本图书馆CIP数据核字(2019)第243844号

- ◆ 著 李晓妍
  责任编辑 马 霞
  责任印制 周昇亮

- ◆ 人民邮电出版社出版发行　北京市丰台区成寿寺路 11 号
  邮编　100164　电子邮件　315@ptpress.com.cn
  网址　http://www.ptpress.com.cn
  三河市中晟雅豪印务有限公司印刷

- ◆ 开本：700×1000　1/16
  印张：14.75　　　　　　　　2020 年 1 月第 1 版
  字数：170 千字　　　　　　　2021 年 6 月河北第 3 次印刷

定价：59.80 元

读者服务热线：(010)81055296　印装质量热线：(010)81055316
反盗版热线：(010)81055315
广告经营许可证：京东市监广登字 20170147 号

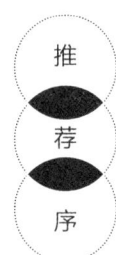

2008年"感知中国"的提出给时值国际金融危机的中国增添了信心,物联网及其市场前景给产业界很大的鼓舞,物联网热潮在中国迅速兴起。不过当时缺乏合适的传输标准,产品不够成熟,商业模式不清晰,物联网的热度不足以撬动市场,物联网不仅在中国而且在全球发展都不如人意,趁物联网虚火的公司逐渐退出,社会对物联网的认识回归理性。

2016年以来,随着NB-IoT标准的出现,技术和成本上有竞争力的低功耗物联网为市场开拓提供了有力的支撑,物联网率先在城市安防、环保监测、智能交通领域得到较为广泛的应用,但主要还是靠政府的项目来引导。与基于运营商网络的NB-IoT(Narrow Band Internet of Things,窄带物联网)形成互补的是非许可频段的LoRa(Long Range Radio,远距离无线电),后者为一些希望自建网络的应用提供了选择。但NB-IoT与LoRa能支持的业务带宽类型有限,对应的传感器是固定位置,也没有与人对话的能力。随后出现的仍然基于运营商网络的mMTC(massive Machine Type of Communication,海量机器类通信)将业务带宽能力扩展到1Mbit/s,而且支持移动传感器及语音。

随着5G和人工智能的发展,物联网进入一个新阶段,从技术上看是智能物联网(AIoT)时代,从应用上看是工业物联网时代(IIoT)。5G的增强移动宽带、高可靠低时延和广覆盖大连接特性以及伴随5G兴起的边缘计算,为物联网数据低时延直达云平台进行数据挖掘和人工智能决策提供了实时快速通道,推动了人工智能与物联网的无缝融合，催生了AIoT，而且5G激发了虚拟现实（VR）和增强现实（AR）的潜能，实现了人与物的紧耦合，人－机－物协同互动开拓了智能化的应用。另外，5G明确了广域低功耗物联网的基本要求，它们是连接密度达到每平方千米100万个传感器，终端到基站时延低于10秒，丢包率低于1%。经3GPP标准化组织仿真证明，在5G频段工作的NB-IoT和mMTC有可能达到上述要求。

广域低功耗物联网技术标准能力的拓展，满足了多样性的应用需求。上述技术为物联网进入工业领域应用创造了条件，工业物联网对工业企业的数字化转型也正当其时。边缘计算是工业物联网的重要特征，据IDC预测，未来将有超过50%的数据在边缘侧处理，到2020年，边缘计算支出将占物联网基础设施总支出的18%。5G也是工业互联网的重要支柱，企业可以租用运营商的5G网络信道组成VPN，也可以申请专用频率建设5G专网。5G+8K与5G+VR不仅用在消费领域，在工业物联网也能发挥更大的作用。例如中国每天在生产线上进行目视产品质量检查的工人超过350万人，但人工检测准确度不高，基于5G将高清摄像头视频连到边缘计算，与中心云的大规模AI比对分析能力结合，机器视觉大大降低了漏检率与误检率，显著提升了效率。生产线上的工人佩戴5G+AR头盔，精确指示装配的方法与位置，确保了严格执行操作标准，保证质量。麦肯锡2015年报告指出，物联网的价值70%在工业物联网，其中主要是运营优化和预防性维护环节。工业物联网的价值主要是由使用者获得。2025年全球工业物联网将创造3.9万亿~11.1万亿美元的价值。

AIoT和IIoT的发展将使碎片化的物联网从产业链上组织起来，形成集聚优势。从NB-IoT到AIoT和IIoT标志着物联网发展进入新阶段，现在处于转折的临界点。目前AIoT还只是单机智能，将来要发展到互联智能和主动智能，IIoT目前还主要在机器视觉场景起步，今后的路还很长。物联网从临界点再出发将开拓未来更大的创新空间。

2019年8月24日

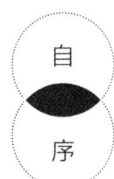

自序

2010年的某一天,我突发奇想,想要做一款"智能手表"。起因,甚至当时设计的功能,都已经记不清了,只依稀记得"让戴手表的人可以被追踪,手表里面主要零件的运转情况可以被实时查询"。当时为了求证这种手表是否可以被制作出来,我搜集了大量资料。在搜集资料的过程中,我发现了"物联网"这个概念,并被其深深吸引,在深入了解该概念后,我发现开发一款智能手表的难度非常大,尤其是我并非工科出身。这时我身边的一些朋友就劝我:既然原本是做媒体的,为何不先做一个物联网媒体,等对行业足够了解,并有把握后,再开始做产品。我接受了朋友的建议,便于2011年年底,投身到了物联网媒体领域。

今天回头看,早期的投入是茫然的,对行业中发生的一切只有被动接受,几乎没有主动思考。这种状态一直持续到2016年我写《万物互联:物联网创新创业启示录》的时候。写《万物互联》的初衷是希望通过真实反映既有的物联网从业者们的发展状况,让以后的物联网从业者从中得到启示,所以书中描写了30多家物联网企业的创业、发展故事。实际上,从这本书中得到最多启示的或许是我自己。因为当把这么多企业、这么多活生生的物联网"创世"故事放在一起的时候,我开始思考:物联网真的是未来吗?为什么是物联网?人类社会真的走到物联网这一步了吗?物联网将把我们带向一个什么样的未来?

也正因为如此,这本书出版后,我再置身于物联网媒体这份事业中时,心态就不止于"披露事实",更多的是希望"解惑",希望能为自己解惑,也能为更多的从业者解惑，尤其是2016年后，参与到物联网领域的人和企业越来越多，使得我的这种想法也越来越强烈。

2019年是物联网产业化的10周年，但是物联网产业过去10年的发展一直处于不温不火的状态。与此同时，被誉为面向物联网的移动通信技术——5G标准将于2019年年底全部冻结。这不仅意味着物联网在国际上被官方认可，而且为物联网的未来发展带来了无限可能。

与此同时，物联网的其他支撑技术，云计算、大数据、人工智能、边缘计算，乃至区块链等也在过去10年间相继成熟并商用，还开始向物联网靠拢，比如出现了物联网云平台、AIoT等概念。

因此，经历了10年"寒苦"的物联网产业，是否能够"忽然一夜清香发，散作乾坤万里春"？过去10年的发展又预示着怎样的未来发展？在过去物联网发展过程中脱颖而出的企业又给未来的产业发展带来了什么样的启示？新兴技术又对物联网产业的发展有着怎样的推动作用？

同时，目前整个产业处于数字化转型的核心节点上，而以物联网为核心的新一代信息技术，5G、云计算、大数据、人工智能、边缘计算、区块链等是企业数字化转型的基础。往哪儿转型？如何转型？在转型中需要什么样的合作伙伴和技术支撑？这些都将是传统企业转型升级中面临的问题。

《临界点：5G时代物联网产业发展趋势与机遇》便是这几年我对这些问题，以及对物联网重新认识和思考的承载，虽然只是部分。

如果说《万物互联》是对物联网产业懵懂发展时期的回顾，那么《临界点》就是对以物联网为代名词、以新一代信息技术为主要支撑的产业未来的发展展望。

本书共分为四篇。第一篇"必然到来的物联网时代"，通过对人类社会发展演进的回顾，对最近几十年社会经济发展中面临的问题和新需求，以及电子信息技术更新迭代速度加快所带来的影响的分析，来说明物联网在当前这个时间点到来的必然性，以及它能够解决当前面临的哪些社会、经济问题。

第二篇"变革的声音"，主要描写了几个已经萌芽且未来必然发生的趋势。

当然，有些趋势并非因为物联网才产生，但是一定会在物联网时代大规模爆发。

第三篇"布道物联网"，以企业独立案例的形式，描述了当前物联网产业的主要从业群体——物联网技术方案商及物联网服务运营商，在各个行业中颇具代表性的企业的发展状况，因为它们基本反映了整个物联网产业中从业企业的发展现状和趋势。

第四篇"永不停歇的技术驱动力"，主要描写了物联网乃至整个信息科技时代的三大支撑技术——传感器、通信和计算机（AI、边缘计算、区块链、无人系统）技术的最新演进和发展趋势。

2019年是物联网产业化的10周年。同时，按照3GPP（3rd Generation Partnership Project，第三代合作伙伴计划）的计划，5G标准将于2019年12月全部冻结。如果物联网的到来是必然的，那么5G，这项被定义为面向万物互联的移动通信技术的全面商用，必将推动物联网应用的全面爆发。而物联网后，数字世界是否将完成对物理世界的全映射？人类社会是否将全面进入信息社会？届时，人、企业乃至国家又将面临着怎样的新挑战？

李晓妍

2019年9月5日

前言

19世纪50年代,人类社会开始了信息化时代的征程。70年间,信息技术的不断突破和应用,确实给人类社会带来了翻天覆地的变化,但是人类并没有真正进入信息社会,一如人类在进入工业社会的早期,发展依然遵循农耕文明的体系框架一样,在信息社会的早期,人类社会的发展仍然受工业文明的主导。

最近10年,无论是第四次工业革命、第三次信息技术革命等概念的提出,还是云计算、AI、大数据、区块链、边缘计算、5G等技术的突破和商用,尤其是AI、边缘计算和5G几乎明确显示了"以人为核心的信息技术时代"已成为过去,取而代之的是"人机双核心的信息技术时代"。也就是说,我们既向往又质疑的物联网时代已然到来,而物联网时代的到来标志着人类社会已经到达从工业社会进入信息社会的临界点。

本书旨在描写这一临界点状态下人类社会的主要商业形态——物联网到来的必然性、未来的发展趋势、代表性从业者的发展状态,以及推动临界点到来的主要技术驱动力和在其驱动下的未来社会走向。

从人类社会的发展历程来看,物联网的到来是人类社会发展演进的必然结果。之所以会在当前这个时间节点到来,一方面是因为人类需要解决过去,尤其是最近100年的发展带来的问题;另一方面是因为信息技术的不断突破,及其价格的大幅降低,使得我们能够大规模地利用信息技术解决问题。

而信息技术的大规模应用将带来新的"必然结果",比如物质资料的整体变革、商业模式的质变、企业运营模式的改变、劳动力的置换,乃至在工业时代没有完成工业化进程的农业,也将在物联网时代因数字化完成这一进程。

同时,在物联网产业发展最初,也是最艰难的10年间,那些物联网产业的开创者、布道者,或者说初步成功者,对接下来不得不踏入物联网产业的从业者们,又有着怎样的借鉴意义?

最重要的是,不可忽视的技术驱动力,它们将给我们带来什么?又将把我们带往何处去?过去的10年只是技术给产业下了一张"战书",未来的10年才是产业界"攻坚战"的开始。

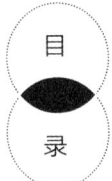

第一篇 必然到来的物联网时代

第一章 5000年发现、200年创造的必然结果 // 002
  发现并利用自然力量的5000年 // 003
  "人造力量"开始主导世界的200年 // 006

第二章 应对后工业时代,困中求变的需求驱动 // 009
  共享单车撕下了传统自行车企业的遮羞布 // 010
  需求转移,供大于需,是传统自行车企业覆灭的根由 // 013
  产能普遍过剩,传统企业陷入桎梏是必然 // 015
  创新求变,是传统企业的唯一出路 // 017

第三章 最近10年技术集中突破的助力 // 019
  三大技术的10年演进 // 020

第四章 物联网后,物质社会的质变开始 // 029
  为什么是物联网 // 030

物联网的技术演进及核心特征 // 034

第二篇 变革的声音

第五章 联网——物质资料进入新时代的"准入证" // 040
新物品已随处可见 // 043
实体物质资料联网后的4种新形态 // 046
设备联网的两种实现方式：前装和后装 // 047

第六章 商业模式质变：商品服务化 // 050
从共享单车到黑灯工厂 // 051
物联网助力企业解困，商业模式集中质变 // 055

第七章 预售的进阶：从计划生产到计划需求 // 059
从亚马逊Alpha计划说起 // 060
当淘宝、京东成为传统电商 // 062
预售会完全取代传统销售模式吗？ // 064

第八章 物联网产业结构下的企业结构重塑 // 067
物联网时代的产业结构 // 068
新型产业结构下的企业发展机遇 // 070
信息技术主导产业后，企业结构将被重塑 // 073

第九章 机器将被纳入人员管理体系中 // 077
机器开始被直接管理 // 078
通过机器优化对人的管理 // 079
机器将获得和人同等的地位 // 080

第十章　劳动力：从技工到科技工　// 081

　　无人机带来的农民解放　// 082
　　这是一次劳动力结构的整体变革　// 085

第十一章　农业的工业化进程加快　// 088

　　数字化推动农业标准化，标准化带动规模化　// 089
　　农业进入大规模商业化运营阶段　// 091
　　农业数字化旨在改变落后的农业经济模式　// 093

第三篇　布道物联网

第十二章　物联网产业入口之战　// 096

　　第一战：被错爱的Wi-Fi模组　// 097
　　第二战：似是而非的物联网操作系统　// 098
　　第三战：仍在持续的物联网云平台　// 103
　　什么是物联网云平台　// 103
　　基础设施类：IAAS+PAAS　// 103
　　开发工具/技术方案类：PAAS+SAAS　// 105
　　服务运营类：SAAS　// 108
　　物联网应用开发平台的发展路径猜想　// 109

第十三章　用1万+类产品验证物联网开发平台　// 112

　　先行一步，引领智能硬件时代　// 114
　　保持清醒，拥抱物联网　// 115
　　反其道而行之，坚守开发平台属性　// 118

第十四章　下一代移动交互入口的0到1　// 121

　　智慧的企业，会在行业泡沫期绕开陷阱　// 122

智能眼镜不一定是"眼镜" // 125
云管端整体解决方案引领打造"智慧空间" // 129

第十五章 工业互联网平台全景探索 // 131

"误入"物联网 // 133
转折——两个"何去何从" // 134
探索——拥抱新技术，融合新概念，不改初衷 // 135
五星汉云，国家级工业互联网平台 // 138

第十六章 智能家居终将落地 // 141

智能家居的10年困境 // 142
UIOT超级智慧家：必须把产品卖出去 // 143
22家直营店，300多个加盟店，提前实现赢利 // 145

第十七章 深耕公安智慧化，助力智慧城市 // 147

高新兴智慧执法体系，助推执法规范化新征程 // 148
细数风雨20载，坚持用技术赋能公共安全与大交通 // 151
把握时代脉搏，聚焦执法规范化和车联网 // 152
5G加持，借物联网构建更安全、更智慧、更美好的城市 // 153

第十八章 做有"温度"的物联网 // 155

不经意间专注"温度物联网"多年 // 156
两年上百个"小白鼠"，花落温度管理 // 158
管的不是温度而是服务，是将设备管理纳入人员管理体系中 // 161

第十九章 工业物联网平台的"减法"法则 // 164

不贪心，只解决0到1的问题 // 165
平台工具化，工具动态化 // 169

第四篇 永不停歇的技术驱动力

第二十章　传感器重生　// 174
　　应用需求催生技术突破　// 176
　　"传感器重生"需跳出"行业惯例"　// 179

第二十一章　5G：直面万物互联　// 182
　　从1G到5G　// 183
　　5G带来的无限可能　// 186

第二十二章　AIoT，物联网因AI焕发新的生命力　// 188
　　人工智能的突破与加速发展　// 189
　　AI+IoT的应用探索　// 191

第二十三章　边缘计算：让智能无处不在　// 194
　　边缘计算+物联网的应用实践：不仅有智能的"大脑"，还有智能的"四肢"　// 198
　　物联网对边缘计算的需求，以及在实际应用中面临的挑战　// 201

第二十四章　区块链+物联网的革命性应用　// 204
　　拿用户数据来追逐利益的这些年　// 205
　　区块链的革命性应用：把欠用户的还回去　// 206
　　运用区块链技术进行"数据价值的分配"将是物联网时代的常态　// 208

第二十五章　无人系统技术：地球上第三大生态系统形成的核心　// 210
　　自然生态系统和人类生态系统的相互作用　// 211
　　无人系统：机器生态系统能够独立运行的大脑　// 213

无人系统技术的研究现状　// 214

后记　临界点上的物联网时代　// 217

　　我们到达了工业社会向信息社会跨越的临界点　// 217
　　在物联网时代，我们将实现数字世界对物理世界的全映射　// 219
　　5G到来后，物联网将迎来应用爆发期　// 219

第一篇　必然到来的物联网时代

第一章
5000年发现、200年创造的必然结果

18世纪60年代前，人类社会处于发现自然力量、直接利用自然力量、粗浅改造自然力量的阶段；之后，人类社会进入"人造力量"主宰世界的阶段。但是，人造力量的出现是人类利用自然力量改造世界的结果。事实上，纵观人类发展史，我们取得某些发展的原因总是另一些发展的结果；我们解决某一个问题的结果，也总能成为解决另一个问题的动力。今天我们进入物联网时代，也是过去数千年，我们对自然力量，以及人造力量深度应用后，带来的必然结果。

根据《世界文明史》的记载，人类文明最早出现在公元前 4000 年左右，在尼罗河第一瀑布至三角洲地区，距今约有 6000 多年的历史了。作为所有古文明中唯一完整延续至今的原生文明——中华文明，根据较新的考古发现，距今也有 5000 年左右的历史了。但是，如果不算中国古代四大发明——指南针、火药、印刷术和造纸术，直到 1764 年第一台真正近代意义上的机器——珍妮机发明前的 5000 年，人类都处于发现并直接利用自然力量的阶段。然而，正是因为这个阶段的发现及经验的积累与记载，推动了此后 200 多年的机器文明，以及即将到来的数字文明。

发现并利用自然力量的 5000 年

人类文明开始于文字的发明，但是人类历史远不止于此。比如中国考古发现的元谋人约出现于 170 万年以前，从此一直到有文字记载的炎黄时期，被称为石器时代，是指人类以石器为主要（不是唯一）劳动工具的时代。在中华文明史上记载的人类创世始祖们的故事，都是以利用自然力量开始的。有巢氏构木为巢，以避禽兽。燧人氏钻木取火。伏羲氏结绳为网以渔。神农氏（炎帝）制耒耜，种五谷；治麻为布，民着衣裳；削木为弓，以威天下；制作陶器，改善生活；尝遍百草，用药治病，创立医学。

在这些故事中，人类的始祖们直接使用自然之物的特性，来满足人类生活之需。比如有巢氏用树枝、树叶在树上建造出简陋的篷盖，是为了躲避野兽和洪水。燧人氏发明了钻木取火，使得人类不再依赖天然之火，就可以烧烤食物、取暖等。伏羲氏模仿自然界中的蜘蛛结网而制成网，用于捕鱼打猎，使人类可以自己掌控食物供给。神农氏发明的农具耒耜由木头、石头或动物的骨头制成，完全取材于大自然，神农氏还发现了可以大量种植的稻、黍、稷、麦、菽五谷，教人耕种，结束了人类完全靠天吃饭的时代。医药的概念也是在人类探索驯化植物为农作物的过程中形成的。原始人本无衣裳，仅以树叶、兽皮遮身，神农教民麻桑制为布帛后，人们才有了衣裳。

  也就是说，这些技术和发明，都是为了满足人类的当时所需。但是它们造成的结果是，人类从蛮荒时代进入了农耕时代。人类进入农耕时代后，还在不断发展，因为不断有新的需求出现。比如为了解决蒸煮、储存食物的问题，神农氏发明了陶器。"仓廪实而知礼节，衣食足而知荣辱"，当人们解决了温饱问题之后，就开始注重礼节、文娱等，比如伏羲氏制定了中国最早的嫁娶制度，实行男女对偶制，用兽皮作为聘礼。并以所养动物为姓，或以植物、居所、官职为姓，以防止乱婚和近亲结婚，中华姓氏便起源于此；还创造文字，用于记事，取代了以往结绳记事的形式。发明陶埙、琴瑟等乐器，创作乐曲歌谣，将音乐带入人们的生活。神农氏制五弦琴，以乐百姓。物质丰盈，人民安居乐业以后，就开始解决物质不平衡的问题，所以神农氏"日中为市，致天下之民，聚天下之货，交易而退，各得其所"，贸易就开始了。

  这一切，都为中华民族接下来5000年的发展奠定了基础。比如到了黄帝时代（公元前2500年左右），政治、政权、君臣、战争的概念就出现了，发生了中华文明历史上一场有名的战争"涿鹿之战"。同时也为私有制的发展埋下了根源。从黄帝到禹时期，大部分发现和"发明"都偏娱乐和制度。比如黄帝时期的舟车、井、鼎、铜镜、鼓等；颛顼时期出现了玛瑙饰品；帝喾时期出现了鼙鼓、苓、管、埙、篪等新乐器，订立了节气；尧帝时期测定出了春分、夏至、秋分、冬至，发明了造酒技术，并创造围棋等；舜帝时就开始挖沟开渠，以利灌溉，疏通河道，治理洪水。说明在舜这一时期，虽然经历了一场大洪水，但是人们的生活还是比较安乐稳定的，所以才会在禹治国时期，因"剩余财富"而出现私有制，产生贵族阶级，各部落为了争夺财富，开始不断战争，战俘被充当为奴隶，奴隶制社会开始萌芽，氏族社会濒临崩溃。

  进入奴隶制社会后，奴隶们得以集中劳动，生产力得到了提高。同时随着农业生产的发展和需求，手工业和畜牧业都独立了出来，比如在夏朝（约公元前2070年—公元前1600年）烧制陶器、琢磨石器、制作骨器、蚌器、冶铸青铜器和制作木器等，各种手工业都成为一个独立行业，出现了专门从事畜牧业的奴隶和部落。在商朝（公元前1600年—公元前1046年），农业和工业有了进一步的发展，比如开始人工养淡水鱼、发明了瓷器、掌握了多种纺织技术等，并出现了职业商贩。同时，商朝还是中国第一个有直接的同时期文字记载的王朝。西周时期（公元前1046年—公元前771年），冶铁技术得到发展，出现了金属农具（古希腊也在公元前1130年左右开始使用铁器）；出现了贝壳、铜制货币；出现了土地转让；出现了学校。那时候，虽然围绕人们生产生活的物质资料没有那么丰富和先进，但是当今社会大部分物质、服务形态的雏形已经形成了。

不过，从上古时期，一直到第一次工业革命之前，人类都处于"发现自然现象——将当时可用于解决人们生活与生产所需的自然物品、工具或现象，加以直接利用，或者通过简单的手工劳动将其进行加工后利用"的阶段。

比如东周时期（公元前770年—公元前256年），为了征收田赋，发明了度量衡器具；影响世界的中国四大发明之一——指南针便出现于该时期的战国时代。秦代（公元前221年—公元前206年），由于常年征战，兵器得到了长足的发展，而且秦统一了文字、货币。汉朝时期（公元前206年—公元220年，西罗马帝国刚刚建立），由于商业贸易的发达，出现了丝绸之路；同时出现了中国四大发明之一——造纸术；东汉张衡制成了世界上第一台能够预报地震的候风地动仪。隋朝时期（581年—618年），开建运河，建成了著名的隋唐大运河，成为此后数百年中国各地主要的经济纽带。唐朝时期（618年—907年），农业工具取得了更大发展，比如出现曲辕犁、新的灌溉工具水车和筒车；水路交通的发达推动了造船业的发展。到了宋代（960年—1279年），由于火药的发明，霹雳炮、震天雷、引火毯、铁火炮、火箭、火毯、火枪、火炮等武器登上历史舞台；在农业方面不仅出现了踏犁、秧马等工具，还出现了世界上第一本讲述制糖术的专著《糖霜谱》；由于纺织业的高度发达，印染业也发展起来；北宋时期，毕昇发明了活字印刷术；因交通以水路为主，造船技术已经高度发达，比如宋神宗时期就造出了600吨的

"神舟",发明了隔水仓技术,一两个船舱漏水,不会影响整条船,后来这项技术还经马可·波罗传入欧洲;沈括撰写的《梦溪笔谈》详细总结了宋朝时期自然科学的发展状况,并提出了诸多领先世界的理论,比如地理上的流水侵蚀作用、物理上的磁偏角现象等。元朝时期(1206年—1368年),为了适应大规模商品交换的需求,建立起了第一个完整的纸币流通制度。明代(1368年—1644年),由于生产力的提高,农业出现了专业化、商业化的趋势;民间手工业高度发达,官营企业开始萎缩;石油钻井技术、采矿技术、化学药物的提取和制备技术等均已出现并应用。清代(1636年—1911年),欧洲崛起,并把工业革命的成果推向全世界。

"人造力量"开始主导世界的 200 年

说"人造力量",并非人类凭空创造的技术和工具,而是对自然力量,以及被改造过的自然力量的进一步认识并深度应用。比如作为第一次工业革命标志的珍妮机(1764年)的发明,源于发明者詹姆斯·哈格里夫斯撞倒了他妻子正在使用的纺纱机,当他准备去扶正纺纱机时,发现纺纱机还在转,只是原先横着的纱锭变成直立的了。这启发他制造出第一台"用一个纺轮带动八个竖直纱锭的新纺纱机",功效一下子提高了八倍。到了1784年,"珍妮机"经过不断改进,增加到八十个纱锭。

同时期,作为第一次工业革命源动力的蒸汽机,雏形为公元 1 世纪由古罗马数学家希罗发明的汽转球:将一个空心的球和一个装有水的密闭锅,用两个空心管子连接在一起,在锅底加热,使水沸腾后产生的水蒸气由管子进入球中,最后水蒸气从球体的两旁喷出使得球体转动。这是已知最早的将蒸汽转变成动力的应用,但当时只是单纯将其当作一种新奇的玩物,并未予以任何实际应用。直到约1679 年,法国物理学家丹尼斯·巴本在观察到蒸汽逃离高压锅的现象后,制造了第一台蒸汽机模型。托马斯·塞维利(1698年)和托马斯·纽科门(1712年)制造了早期的工业蒸汽机。1765 年—1790 年,瓦特的一系列发明,比如分离式冷凝器、汽缸外设置绝热层、用油润滑的活塞、行星式齿轮、平行运动连杆机构、离心式调速器、节气阀、压力计等,对原有的蒸汽机进行了改进,使蒸汽机的效率提高到原来纽科门机的三倍多，最终使蒸汽机得以大规模用于工业生产。

再比如"电"的发展基础"磁"，从磁石、电磁现象被发现，到被加以利用，经历了4000年左右的历程。据《吕氏春秋》记载，公元前1000年左右，中国开始有了指南针的应用，这是已知最早的对"磁技术"的应用。公元前600年左右，一位叫泰勒斯的哲学家对摩擦琥珀吸引羽毛、磁矿石吸引铁片的现象进行了一番思考后，给出的结论是"万物皆有灵，磁吸铁，故磁有灵"。直到1600年，英国人吉尔伯特出了一本名为《论磁学》的书，才提出了摩擦起电的概念。在古代，人们还不能科学地解释打雷现象，直到1708年，英国人沃尔才提出雷是静电产生的。1748年，富兰克林基于同样的认识设计了避雷针。1746年，莱顿大学教授米森布鲁克发明了一种存贮静电的瓶子——莱顿瓶。1786年，意大利物理学家伽伐尼发现了用刀尖碰蛙腿上外露的神经时，蛙腿剧烈地痉挛，同时出现电火花。经过反复实验，他认为痉挛起因于动物体上本来就存在的电，他还把这种电叫作"动物电"。1799年，意大利物理学家伏打沿着"动物电"的思路往下研究，进行了著名的伏打电堆实验，发现了能控制流动的电，并列出了世界上第一个电气元素表，使人们对电的认识跃出了静电的领域，开启了电的应用，这才有了第二次工业革命的到来。

实际上，电的应用并非第二次工业革命的唯一驱动力，内燃机的发明和应用也起到了极其重要的作用。而电力最具价值的应用，是后来的第三次工业革命，以及目前正在发生的第四次工业革命。

比如通信技术，作为第三次工业革命的核心推动力信息技术的发展基础之一，向前倒推可以到电报的发明。而电报的发明始于1820年，丹麦哥本哈根大学教授奥斯特发表的一篇发现电磁感应现象的论文。在该论文中，他描述道：在与伏打电池连接了的导线旁边放一个磁针，磁针马上就发生偏转。俄罗斯的西林格读了这篇论文，他把线圈和磁针组合在一起，于1831年发明了电磁式电报机。1835年，美国画家莫尔斯，成功地用电流的"通断"和"长短"来代替人类的文字进行传送，这就是鼎鼎大名的莫尔斯电码，第一台真正意义上的电报机问世。同年，莫尔斯和他的合作伙伴成立了电磁电报公司（Magnetic Telegraph

Company）来经营纽约和费城之间的电报线路，电信时代开启。到 1846 年，该公司已经建成了总长为 23000 英里（1 英里约为 1.61 千米）的电报线，可以连接美国主要大城市。此外，正是由于电的发明，1821 年，德国物理学家赛贝发明了把温度变成电信号的传感器，这使传感技术得以快速发展。1883 年，爱迪生发现从电灯泡的热丝上飞溅出来的电子把灯泡的一部分都熏黑了，这种现象被称为爱迪生效应。1904 年，弗莱明从爱迪生效应得到启发，造出电子二极管（真空二极管）。此后又不断演进出三极管、四极管、五极管及晶体管。1946 年，世界上第一台真正意义上的计算机出现，而真空电子管便是其核心硬件之一。1958 年，美国德州仪器公司的基尔比，把晶体管、电阻和电容等集成在微小的平板上，以热焊方式把元件用极细的导线互连，在不超过 4 平方毫米的面积上，大约集成了 20 余个元件，集成电路正式问世。1964 年，IBM 发明了通用型集成电路计算机，信息科技时代正式开启。

此外，作为第四次工业革命核心的物联网时代能够到来，更是由于电力以及相关的电子信息技术的进一步发展。

纵观人类发展史，我们取得某些发展的原因总是另一些发展的结果；我们解决某一个问题的结果，也总能成为解决另一个问题的动力。比如当人类解决了温饱的问题后，就开始考虑礼节的问题、制度的问题等。礼节和制度被制定出来之后，就需要传播，文字和教育得以发展。为了争夺资源，就会发生战争，武器就被创造出来；为了制造武器，军工业就得到发展。为了提高纺织业的生产力，纺织机器被创造出来，为了生产纺织机器，建立了机器制造工厂。人类社会就在这样的过程中，从一个必然结果走向另一个必然结果。今天人类社会开始进入物联网时代，也是过去数千年发展的积累，尤其是近代信息科技快速发展带来的必然结果。我们希望通过一些电子信息技术手段能够解决当下的一些问题或需求。比如，政府希望借此提高科技力量、提高整体生产力；企业希望通过新型的手段降低成本或增加收益；老百姓希望能够因此而获得更多便利。物联网就此诞生。当然，在我们通过新的技术手段和运营模式解决当下问题的同时，它已经悄然成为下一个时代开始的基础和触因。

第二章
应对后工业时代,困中求变的需求驱动

从第三次工业革命开始,世界进入后工业时代。后工业时代的两个明显特征是整体经济结构从商品经济转向服务经济和产能普遍过剩造成企业经营困难。因此,在新的产业格局下寻找新的经济增长点,成为企业乃至国家当前必须解决的问题。比如我国提出供给侧改革,企业普遍谋划转型升级,但是合适的手段是什么?

20世纪70年代，美国社会学家丹尼尔·贝尔通过其《后工业社会的来临》一书，预测了人类社会即将进入后工业时代。书中指出，后工业时代的一个明显特征：第一产业、第二产业的比重下降，第三产业的比重上升，即整体经济结构从商品经济转向服务经济。中国经济学家许小年表示，后工业时代的另一个特点是产能普遍过剩（除了部分人为造成的供应紧缺领域）。产能过剩将引发两个问题，其中一个便是"企业经营困难"。今天，世界已经基本进入后工业时代。而"享誉全球"的共享单车，可以说是中国全面进入后工业时代的标志，因为它同时折射出了后工业时代的两大特征：商品服务化；传统制造业产能过剩。

共享单车撕下了传统自行车企业的遮羞布

2018年，共享单车倒闭进入高潮，特别是曾经的共享单车"二虎"之一ofo小黄车的衰落，让业界对新产业的未来又充满了质疑。同时期引起关注的还有共享单车背后的传统自行车企业。因为在共享单车鼎盛时期，国内知名的自行车品牌企业，以及纯粹的代工厂，都曾"水涨船高"过，比如天津还出现了共享单车小镇。因此，随着共享单车的衰落，人们担忧的目光也投向了这些传统自行车企业。

上海凤凰年报显示，其2015年、2016年、2017年、2018年的收入分别为4.6亿元、6.3亿元、14.3亿元和7.6亿元，其中自行车及相关产品的收入占其当年总营收的比例高达80%以上。而这几年中国的共享单车行业经历了萌芽、崛起和跌落，上海凤凰便跟着坐了一回"过山车"。在其收入最高的2017年，便是因为与当时的共享单车二巨头之一ofo小黄车签下了500万辆OEM（Original Equipment Manufacturer，原始设备制造商）订单。不过据后续的起诉事件中披露，截至2018年5月,小黄车实际采购量仅有177.73万辆,且有近7000万元货款未付。随着2018年大量共享单车企业倒闭,上海凤凰的发展状况也急转直下。其年报显示,2017年其旗下的两家自行车生产公司上海凤凰自行车有限公司和上海凤凰自行车江苏有限公司的总收入达10.39亿元(2018年该数据变为2.16亿元,其他数据参考图2-1),占其当年总收入的73%。而负责其自有品牌销售的上海凤凰自行车销售有限公司,以及负责外贸的上海凤凰进出口有限公司收入分别仅为1.09亿元(2018年该数据变为1.36亿元)和2.97亿元(2018年该数据变为3.01亿元),可以看出其OEM代工业务总收入在2018年急剧下滑(相关数据参考图2-2)。

另外,据上海永久(中路股份)的年报显示,2016年和2017年,是其自行车OEM业务收入最高的两年。其中,2016年开始承接共享单车运营商优拜单车(上海永久为其投资方之一,占股12.6%)的订单,并于2017年推出了自己的共享单车(电踏车)品牌——永久智能车(又名永佰单车、永久出行)。虽然囊括了两家共享单车企业,但怎奈在2017年的共享单车大战中,两家均未挤进一线。据公开资料显示,2016年11月,优拜创始人曾宣布将于一年内投放280万辆单车,但是截至2018年7月,优拜单车的活跃用户量仅为75万,且其在2017年9月宣布获得数千万美元投资外,再无融资相关信息披露。而永久智能车可以说从未进入过大规模铺量阶段。因此,和上海凤凰一样,上海永久也被共享单车"带了一拨节奏"。上海永久的相关数据见图2-3。

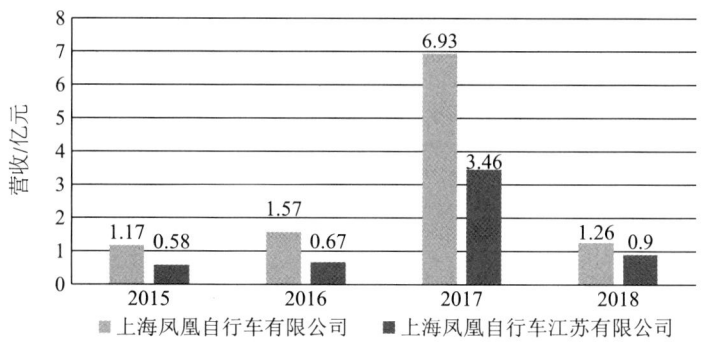

图2-1 上海凤凰旗下两家自行车厂2015年—2018年营收对比

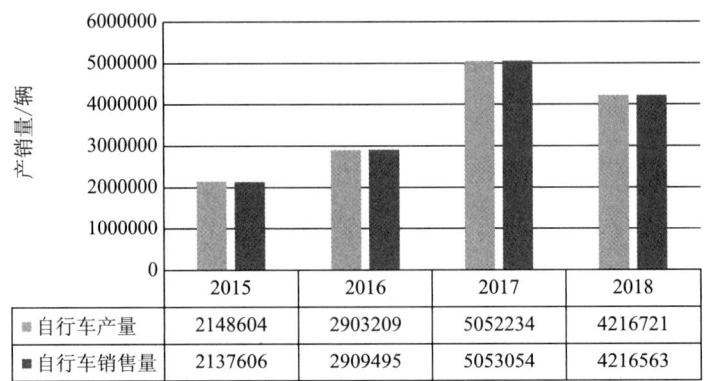

图 2-2　上海凤凰 2015 年—2018 年自行车产销量对比

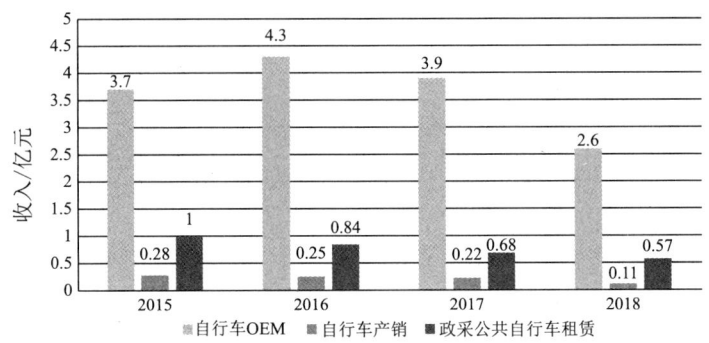

图 2-3　上海永久 2015 年—2018 年自行车相关业务收入

天津飞鸽也不例外。2016 年 12 月开始有新闻披露，天津飞鸽开始为 ofo 代工小黄车。随后，隔三差五便会出现一条双方"甜蜜互动"的新闻。但是随着 ofo 资金链断裂的消息袭来，飞鸽也因追索逾 8000 万元的欠款而不得不起诉 ofo。飞鸽为 ofo 代工期间，也推出了自己的共享单车"飞鸽出行"，但是似乎并未出过天津。

实际上，在共享单车风靡的那两年，不仅凤凰、永久、飞鸽这样的通勤车厂商受到了影响，连捷安特这样走高端车路线的名企也受到了重创。据媒体报道称，捷安特以往每年在我国的销量超过 300 万辆，但是在 2017 年却不足百万辆，销量下滑 65%。2018 年，其在我国的销售收入又下降 20%。而捷安特也开始将欧洲定位为自己的主要市场。

需求转移，供大于需，是传统自行车企业覆灭的根由

共享单车能够成功，很大原因是因为自行车行业在我国已经没有以前那么景气，所以共享单车并非传统自行车企业覆灭的根源，只是临门一脚。在共享单车出现前，传统自行车企业普遍经营困难已经有20年之久。以上海凤凰为例，这家拥有120多年历史、曾经在新中国历史上泼下浓墨重彩的自行车名企，其实早已风华不在，其陨落可以追溯至20世纪90年代初。

20世纪80年代中期，随着人民生活水平的提高，作为当时民众可触及的唯一通用型代步工具的自行车，市场需求不断攀升，一度到了供不应求的地步。据一篇题为《上海凤凰翻车记》的文章透露，彼时，上海凤凰的知名度达到巅峰，但是产能不足，亦无法在短时间内提升。因此于1986年，采取全国"大联营"的方式，整合了43家自行车生产单位，组成凤凰自行车（集团）公司，通过给那些被整合的"无名"自行车厂"授牌"，使其年产量在1989年达到620万辆，占据当年全国自行车总产量的17%，并在1990年营收超过12亿元。但恰在同一年，受企业改革风潮的影响，上海凤凰的大联营变成了自己的"黑洞"，大部分自行车厂脱离上海凤凰。并且由于品牌授权管理不善，上海凤凰开始了与"假凤凰"的市场争夺战。至1992年，其年产量下降至483万辆。

与此同时，我国的自行车市场也趋于饱和。据公开资料显示，1990年，我国城市每100户拥有自行车188.6辆；农村地区每100户拥有118.3辆。全中国有150多家自行车整车厂和700多家自行车零件生产商。

在此困局下，上海凤凰转战海外市场，据其2003年、2004年、2005年的年报显示，海外营收分别为9.5亿元、14.1亿元和10.1亿元。但是2005年欧盟对中国自行车收取反倾销税，税率从30.6%上升到48.5%，上海凤凰遭遇重创。2005年年底，上海凤凰的控股股东变更为上海市金山区国资委，并于2006年更名为金山开发股份有限公司，开始大举进入房地产开发市场。同时，金山开发投资1000万元成立上海凤凰自行车有限公司，将其原本的主营业务自行车销售生产等划拨到该公司。此后，自行车业务在金山开发中被边缘化。然而，进军地产并未挽回上海凤凰的颓势。根据上海凤凰过去的年报数据，其地产业务一直处于亏损状态。哪怕在2008年开始的房地产黄金期，上海凤凰旗下的地产公司仍然亏损。2015年年中，金山开发在股市上又改回上海凤凰，而自行车生产销售又重回主营业务地位。此后就赶上了共享单车的大爆发。

上海永久的发展路径也基本类同。1940年成立的上海永久，1993年在上海交易所挂牌上市，上市之年也是其跌落神坛的开始。据其年报显示，1999年亏损达到3.5亿元之巨，戴上了"ST"的帽子。2000年，上海永久持续亏损，濒临倒闭。2001年，其被民营企业中路集团收购。据当时ST永久的年报显示，在中路集团接手之前，其已累计亏损6.8亿元。被收购后，中路集团对其业务进行了重组，在保留既有的自行车业务之外，又增加了保龄设备、自动棋牌桌等康体产品。虽然有新业务加持，但是其营业收入仍一路下滑，从2005年的11.6亿元，跌落至2018年的5.3亿元。其中2008年是一个明显的分界点，从2007年的逾10亿元，跌至7.15亿元，其中不乏金融危机的影响，因为其出口业务收入从2007年的2.2亿元，下滑至2008年的0.94亿元。此后，其收入便一直在6亿元左右徘徊。在此期间，自行车、电动车的生产销售仍然占据其主要收入来源，但是收益也都在5亿元左右，再也不复当年荣光。

天津飞鸽也没能独善其身，遭遇甚至更加惨烈。据一篇题为《80岁老飞鸽衰落史》的文章披露，成立于1936年的天津飞鸽，曾于1987年以年产368万辆雄踞世界自行车生产厂的头把交椅。此后为应对当时的市场需求，1988年，天津市的自行车企业都集中到了飞鸽名下，使其成为一家有着3万名员工的行业龙头企业。1990年，天津市轻工业局开始向民营企业发放自行车临时生产许可证，一些从飞鸽下岗的工人开始以家庭作坊的形式制造自行车，两三年间便有200多个自行车家庭作坊出现（共享单车小镇王庆坨的雏形）。同时，飞鸽因款式陈旧等原因，被排挤到市场边缘，收入也从1987年的2.1亿元下降至1991年的5947万元。截至1997年，年产量仅有数十万辆，并累计亏损3亿元，被迫全面停产。此后，飞鸽集团分别于1998年、2004年和2009年对飞鸽自行车进行了三次改制和重组。在经历了2009年较为彻底的改制后，飞鸽自行车终于能够卸下往日包袱，但是却再也回不到往日的辉煌时光，年产量始终徘徊在百万辆上下。2010

年开始，飞鸽也开始探索新的方向，比如承建政府公共自行车租赁项目及运营；2015年，与当时风头无两的乐视合作推出"鸢buzzard"超级自行车等。但是2016年年底，随着乐视陨落，"鸢buzzard"的故事也没有了后续。不过同时，飞鸽与ofo的故事开始了。

出现这样的困境，一方面是中国的自行车企业不掌握高端车的核心技术，在高端自行车市场份额极小；另一方面，也是最重要的，交通工具和出行方式的多样化，极大地挤压了它们原本比较有优势的低端通勤车市场。总之，就是供大于需。

身在其中的传统自行车企业其实早就看到了这一点，所以凤凰和永久十几年前就走上了转型之路，比如两家企业都进军了房地产。此外，企业也对产品结构进行了调整，比如上海凤凰增加了电动车、童车、轮椅车等产品，同时其自行车产品也从单一的传统车发展为以城市车、山地车、公路车、折叠车、雪地车、沙滩车、场地车、跨界车、智能车等各类新型车和高附加值产品为主。据其2017年的120周年庆典上介绍，其传统车的比例已从80%下降到20%。上海永久增加保龄球设备、自动麻将桌等产品，并不断通过资本运作并购一些朝阳产业。同时，和上海凤凰一样，产品线向电动车、童车，乃至三轮车等领域扩展，自行车产品也发展出了公路车、山地车等多个类目。即便如此，与自行车单价100多元的20世纪90年代单靠通勤车销售额便可达10亿元以上相比，单价几百上千元，甚至数千元，且产品品类繁多的今天，销售额却仅有数亿元。

产能普遍过剩，传统企业陷入桎梏是必然

类似自行车行业的这种状况，并非个例。并且在企业的生产产能普遍过剩、国际贸易高度发达的今天，企业经营困难是普遍现象。公开资料显示，目前很多制造业企业的利润都不到5%。比如沈阳机床，2018年的平均净资产收益率仅为1.47%，虽然微薄，但与上年同期相比已经增长了52.35%。家电企业，除了格力以外，其他几大家电巨头海尔、TCL、海信常年净利润率保持在2%~4%。车企指标数据显示，长城、比亚迪、江淮等知名国产车企业2017年净利润率分别为4.97%、3.84%和0.8%。头部企业尚且如此，中小企业更不必说。

2014年,在曾经享誉中国的"华强北电子一条街",一些楼盘的业主,开始考虑不再出租商铺,而是改做智能硬件展示空间,或者追随时下流行,做众创空间。其主要原因是,商铺经营者因生意惨淡,开始大规模退租。鼎盛时期,华强北一个4平方米左右的铺面转让费高达400万元。而现在,月租4000元,都无人问津。

传统行业,尤其是传统制造业的衰退,中国也并非特例。2017年1月10日,全球最大的硬盘制造厂商——希捷宣布关闭中国苏州工厂。希捷科技(苏州)有限公司在2017年1月11日发布的一份名为《致苏州希捷所有员工》的公告中表示,本次提前解散苏州工厂,是希捷继续缩减全球生产规模、以更好地适应现在及未来市场需求的措施之一。

2018年,来自欧洲的奢侈品牌Burberry焚烧库存事件震惊了世界。据报道称,从2014年到2018年的5年间,Burberry共焚烧掉了价值9000万英镑(约合人民币8亿元)的库存。事件曝光后,牵出了服装和美容用品行业的惊人内幕:卖不掉就烧掉,是业内尽人皆知的处理方式。比如拥有卡地亚(Cartier)和万宝龙(Montblanc)品牌的历峰集团(Richemont),在2018年回购了约9吨的手表库存之后,要么拆解了表上的钻石和配件,要么直接销毁。而在过去的两年内(2017年和2018年),他们一共摧毁了价值4亿多英镑的手表。不仅奢侈品牌,快消品也是如此,据媒体报道,H&M每年烧毁约12吨服饰。

2019年5月,有媒体报道,国际电商巨头亚马逊也在销毁滞销产品。仅在法国,2018年一年焚毁填埋300万件滞销产品,包括玩具、彩电、平板电脑、厨房用具等。

2018年5月,福特CEO Jim Hackett在福特公布第一季度财报时表示,由于市场需求和赢利下降,福特汽车未来将在北美市场取消大部分轿车业务,以此来节约资金让公司在如今瞬息万变的市场中有更强的竞争力和应变能力。2018年9月,与长安汽车合作的日本铃木宣布退出中国市场,双方的合资企业由长安汽车全面接管。其退出原因是其销量持续严重下滑。披露的数据显示,2017年合资企业销量下滑26%,2018年上半年又同比下滑47%。

正如许小年所说,产能过剩将引发宏观政策失灵和企业经营困难。而这一系列现象便是产能过剩在各个领域的具体体现。

创新求变，是传统企业的唯一出路

传统行业的萧条已是肉眼可见，潜在的危机也正在发生。比如，当已经成长为巨无霸的淘宝、京东都被称之为传统电商时，当互联网社交巨头腾讯都开始进军产业互联网时，说明不仅工业化带来的红利已经消失殆尽，而且工业主导的经济结构下的商业形态也开始崩塌，社会正在进入一种新的平衡中。作为企业，再也不能用既有的"成功思路"进行经营。

所以最近几年，"转型""升级""创新"一直是企业发展战略中必不可少的词汇，尤其是"创新"。然而，在"还有后路可以退"的情况下进行创新并非那么容易，就以我国企业为例。一方面，西方的工业发展早于我国，所以我国企业在过去几十年的发展中，主要的"创新目的"是"国产替代"，"创新方式"为"引进消化吸收再创新"。即便是今天，在很多核心技术层面，我国依然不够先进。

另一方面，经过近 40 年的发展，我国的产业结构已经稳定。比如很多行业里的企业数量及其市场比例已多年未曾发生改变。因为经过多年的积累，这些企业基本完成了金钱资本、土地资本、社会资本等硬性资本的集聚。新生企业，在力量比较单一的时候，比如只有技术资本或者人才资本的情况下，很难打破既有格局，所以传统企业虽有危机意识，但是并没有那么强烈。

从全球来看，虽然一些欧美国家较早就进入了需求饱和的阶段，但是拥有世界上最大消费群体的亚洲，主要国家依然是发展中国家，所以传统商品经济仍然有生存的土壤。因此，在没有遇到毁灭性冲击的时候，企业并不急于进行一次革命性的创新。

然而最近 10 年，在应用型产业方面，我国乃至整个亚洲经济的快速发展，传统商品经济的最大依赖也开始逐步消失。寻找新的收入增长点已经成为共识。

资本和资源的长期固化造成的社会"不对等平衡"的矛盾开始凸显。就是说，大量的资本和资源长期集聚在少部分人的手中，几乎不进入自然流通；只有少部分资本和资源进入自然流通，却要服务于大部分人。比如很多人从一开始就没有机会去接触传统体系下的核心资源。知识带来的觉醒使越来越多的人想要打破这种困局，而跳出对原有资本和资源体系依赖的创新便成为首选。最近 10 年，这样的创新也越来越多，共享单车就是这样的一种创新。

传统企业不断受到这样的挑战，自我革新也成为必然选择。在这样的情况下，面临的只剩下一个问题：创新的方向如何选择？这个问题的答案取决于当前的技术水平。

第三章
最近10年技术集中突破的助力

从 2008 年 3G 商用后,在接下来的 10 多年,人类在电子信息技术方面取得了一系列突破,这促成了人类社会得以在当前这个时间点上进入物联网时代。这些突破主要有:2008 年,云计算和大数据技术开始商用,区块链技术诞生;2009 年,无线传感网技术开始规模化使用;2012 年,深度学习技术取得突破性发展,降低了 AI 技术的门槛;2016 年,面向物联网的移动通信技术 NB-IoT 标准冻结。2020 年,5G 标准全部冻结后,物联网必将进入一个全新的时代。

2005年—2010年，出现了三个在今天乃至未来都将影响全世界的概念：CPS（Cyber-Physical System，信息物理系统）、物联网和工业4.0。而且这三个概念的提出，都源于国家层面战略转型的需求。因为，在此期间，有一个不可忽略的年份——2008年。首先就是那场席卷全球的金融危机，它是世界各国寻求战略转型的动因。恰在此时，技术层面的突破为这种战略转型的诉求指明了方向。2008年，能够满足无线上网的第三代移动通信技术，俗称3G，标准冻结，开始走向商用。但是它对商业的影响，早在2007年就开始了。2007年1月，苹果公司发布了第一代智能手机。同时期，2006年8月，谷歌公司首席执行官埃里克·施密特（Eric Schmidt）在搜索引擎大会SES San Jose 2006首次提出"云计算"（Cloud Computing）的概念。2008年，随着3G的商用，苹果公司逐渐取代诺基亚公司，成为移动通信终端界的新主角；云计算概念也开始由美国辐射全球，并成为新一代计算机技术的主旋律。这也成了接下来10年技术进程的开始。

三大技术的10年演进

以物联网为例，从2009年提出概念到2019年的10年间，经历了三个发展阶段。在这三个发展阶段中，基础电子信息技术至少取得了5次突破。据推断，2020年5G标准全部冻结后，物联网将迎来第四个发展阶段。

第一阶段，2009年—2012年，被戏称为以RFID（Radio Frequency Identification，射频识别）技术和产品为核心的物联网，因为当时主要的物联网应用都是基于RFID的。

除了RFID这个明显标签以外，物联网还有一个特征，就是"系统孤岛"。当然，这并非物联网技术被产业化的初衷和目标，但实践结果就是如此。主要原因在于没有先进经验可以借鉴，必须从零开始探索，而这种探索都是从国家乃至地方政府规划的示范试点项目开始的。这些"物联网项目"在支撑中国物联网企业度过了探索阶段的同时，也促成了"系统孤岛"的形成。因为，用户还没有意识到对物联网的需求。

正因为该阶段的主导技术为 RFID，主要应用方式为单个系统工程类项目，所以在此阶段，被热炒的物联网概念股的企业也多跟 RFID 技术、设备或应用，以及物联网，甚至是计算机系统集成有关，比如从事 RFID 标签及设备研发生产及应用解决方案的远望谷；专注 RFID 标签研发生产的厦门信达；RFID 芯片厂商上海贝岭；计算机系统集成商东软集团、用友软件、同方股份等。

再回看当初，我们会觉得那是一个物联网"盲目发展"的阶段，或者说"片面发展"的阶段。但在当时的产业环境下，这又是无可厚非的。比如说通信技术，虽然 3G 开始商用，但是却存在三种标准：美国的 CDMA2000，欧洲的 WCDMA，我国的 TD-SCDMA。当时我国的三大运营商就分别采用了其中的一种标准：中国电信 CDMA2000，中国联通 WCDMA，中国移动 TD-SCDMA。同时，为了将有线网络转变成无线网络，由澳大利亚科学部于 1996 年推出的 Wi-Fi 技术，在国际上被广泛采用。3G 到来后，更是与 Wi-Fi 互为助力。但是，当时 Wi-Fi 的安全性尚且存疑，因此并未立刻进入我国。当时国内大力发展本土公司研发的 WAPI 技术，犹如支持 TD-SCDMA 一样。2010 年，同时支持 Wi-Fi 和 WAPI 技术的手机上市销售。此后，除了 Wi-Fi 路由器之外，一些基于 Wi-Fi 的模组、智能硬件及行业解决方案公司才开始出现。比如今天面向物联网应用的 Wi-Fi 模组头部企业上海庆科、上海汉枫、杭州古北，均成立于 2010—2012 年；中国首家智能手表企业土曼科技成立于 2011 年。不过，当时对 Wi-Fi 的应用仅处于萌芽期。同时，虽有蓝牙、ZigBee 等技术，但是由于传输距离短、连接数量小等方面的局限性，在整个物联网产业发展中的作用甚微。

再看计算机技术，最大的突破是云计算，但当时也处于概念普及阶段，连计算机圈子的人还没有完全弄清楚什么是云计算，怎么将它推销给用户，更别说去弄清楚什么是物联网，怎么跟它结合了。从事物联网业务的企业亦是如此。所以当时这两大概念被戏称为"云里雾（物）里"。

第二阶段，2013年—2016年。在此期间，4G、大数据和AI技术相继进入商用，同时中国在智慧城市领域的投入加大，以及智能硬件的爆发，都推动了物联网进一步的发展。

2012年1月，国际电信联盟正式审议通过将LTE-Advanced和Wireless MAN-Advanced（802.16m）技术规范确立为IMT-Advanced（俗称"4G"）国际标准，中国主导制定的TD-LTE-Advanced同时成为IMT-Advanced国际标准。在应用层面，中国移动率先布局4G。据公开资料显示，截至2012年年底，中国移动在杭州、北京、上海、广州等9个城市建设4G基站超过2万个。到2016年年底，中国移动的4G基站总数已达151万个，中国电信达89万个，中国联通达74万个，总数达314万个。4G基本成了主要的通信网络。

2012年7月22日下午，由北京大学信息化与信息管理研究中心、北京大学CIO班教务办公室主办的"首届中国大数据应用论坛"在北京大学举办，拉开了大数据在我国发展的帷幕。大数据技术起源于谷歌的"三驾马车"：谷歌文件系统、MapReduce和BigTable。2006年，道格·卡廷（Doug Cutting，Hadoop之父）把他对谷歌文件系统、MapReduce的实现，从爬虫项目Nutch里独立出来，形成了Hadoop开源大数据技术平台。该平台，以及后来出现的Spark平台等，便是日后大数据的核心。虽然2018年，Hadoop的两大发行商Cloudera和Hortonworks合并，令整个大数据行业被看衰，但是这并不影响2013年至2015年间它在我国的火热。并且，"物联网大数据"概念又拉了一把已经陷入桎梏的物联网业务企业，虽然实际上它到目前为止，在物联网领域也没有发挥出真正的作用。

随着云计算的普及，能够满足高算力任务的GPU云服务器诞生了。2012年，在著名的ImageNet图像识别大赛中，杰弗里·辛顿领导的小组采用深度学习模型AlexNet一举夺冠。AlexNet采用ReLU激活函数，从根本上解决了梯度消失问题，采用GPU极大地提高了模型的运算速度。同年，由斯坦福大学著名的吴恩达教授和世界顶尖计算机专家Jeff Dean共同主导的深度神经网络——DNN

技术在图像识别领域取得了惊人的成绩，在 ImageNet 评测中成功地把错误率从 26% 降低到了 15%。"GPU 服务器的出现，云计算的普及和大数据的产生，奠定了人工智能技术发展的新里程碑。"在语音技术领域深耕 20 年的捷通华声董事长张连毅曾如是说。他认为"云计算和 GPU 的服务器为我们提供了更好的'灶台'，大数据为我们提供了丰富且足量的原材料，同时机器学习技术也更加成熟，为我们提供了更好的'烹饪方法'，这使得我们做一道人工智能'好菜'的难度大大降低了。只要你拥有数据，按照相应的'烹饪方法'，扔进'烹饪器材'中，就能得到相应的应用。"这使得人工智能技术取得了质的突破，人工智能企业大规模爆发。当时曾有报告称，截至 2016 年年底，我国人工智能企业达 937 家。也正因为如此，大部分人工智能企业，尤其是创业企业深陷泡沫期的惨烈竞争中，自顾不暇。仅有个别资深企业开始考虑到物联网应用中寻求市场，比如捷通华声。所以在这个阶段，AI 在物联网领域的作用可以忽略不计。

不过，在此期间，云计算开始发挥作用。虽然 2012 年年底，云计算的商业发展开始陷入桎梏，比如 2010 年—2012 年，曾经风光过的一大批创业公司，比如天云科技、天地超云、友友天宇、天云趋势、网通宽带、天润融通、云立方、天维信通、中云网络、引跑科技、云巅科技、云创、道理云、开源云社区 CloudStack、桉树，以及曾作为领军企业存在的盛大云，都开始走向没落。但是从 2013 年开始，至 2015 年，云计算的新格局开始形成：大公司里阿里云、华为云和腾讯云地位明确；创业公司中 UCloud、七牛云、青云逐渐脱颖而出。同时，九州云、安畅网络、和辰信息，以及其他在公有云竞争中败下阵来的企业开始进入私有云、混合云，以及云运维等市场。在此期间，云计算领域出现了一个新的概念：混合云。混合云的出现解决了很多在市场上遇到的实际问题，比如一些企业不愿意把私密数据放到公有云上，但全部自建私有云成本太高。总体来讲，私有云、公有云、混合云等贴合用户需求的名词出现，说明云计算真正进入了市场应用阶段。而当既有的互联网市场被瓜分后，进入物联网就成了必然选择。正如安畅网络创始人程小中所说："物联网的想象空间很大，尤其是对我们做云计算的企业来说，在接下来几年的发展中，可能是主要的市场方向。"事实也是如此，现在的物联网应用，不仅数据基本都存在云上，而且很多应用平台也都是以 SaaS 的方式运营的。

2014 年 1 月，谷歌以 32 亿美元收购创立仅 3 年的智能温控器公司 Nest。这一消息在网络上流传，掀起了全球范围内的智能硬件创业狂潮，涉及范围包括家居家电设备、医疗健康设备、可穿戴设备、出行设备，以及一些商用或工业设备等，这极大地推动了 Wi-Fi、ZigBee、蓝牙等技术在物联网领域的应用。

总之，这个阶段的物联网产业，在数据处理层面，有了云计算技术的加持，在传输层，也不再是 RFID 一枝独秀，而是开始多样化。不过实际上，截至 2019 年，物联网应用中采取最多的通信技术还是 GPRS。

第三阶段，2017 年—2019 年。其实这个阶段应该从 2016 年说起。2016 年 6 月 16 日，3GPPRAN（Radio Access Network，无线接入网）全会第 72 次会议在韩国釜山召开。在这次会议上，3GPP 宣布面向物联网的移动通信技术 NB-IoT 标准冻结。这标志着物联网有了自己的官方通信技术，意味着物联网在国际上受到了产业界的认可。此后，物联网产业发展进入了前所未有的繁荣阶段（从纯市场角度看）。从这个时候开始，物联网产业的发展已经成为一次纯市场行为。

先是 2016 年 7 月，世界顶级投资机构软银（曾于 2000 年以 2000 万美元投资阿里巴巴），以 243 亿英镑收购全球知名芯片设计厂商 ARM（其设计的芯片定义了整个智能手机时代）。而坊间传言，软银这次收购 ARM 的原因的是 2016 年年初其推出了物联网操作系统 ARM mbed OS。所以软银此举意图的是整个物联网时代。即便不是因为 ARM mbed OS，物联网万亿美元的智能终端市场，也能使 ARM 大展宏图。几乎在同一时间，互联网巨头阿里巴巴成立物联网事业部，时至今日，该事业部已是 500 多人的规模。其他中国本土互联网头部企业虽然没有像阿里巴巴一样，明确成立物联网部门，但是也都将物联网定为未来发展战略之一。更是有资本机构亲上战场，如光大控股操盘特斯联、聚量集团通过基金公司润良泰操盘日海智能等。国际上，除了早在 2015 年就发布物联网应用开发平台的亚马逊，以及发布物联网云 PaaS 平台的软件巨头微软，发布了 Brillo 和 Android Things 两套物联网操作系统的互联网巨头谷歌外，芯片巨头英特尔、智能手机巨头苹果等也都在公开场合表示：物联网是下一个时代。

大企业和大资本的进入，当然不允许物联网产业延续以前那种"温水煮青蛙"式的发展，而是希望能够快速从顶层瓜分市场，因此智能手机产业的成功经验开始被用于物联网。反观智能手机时代，出现了四类产品和服务：智能手机；操作系统；入口级应用，包括应用商店和即时通信平台；细分领域应用。前三类产品的运营者，基本都成了行业内的巨无霸企业。而第四类产品中，除了既有的电商企业，只有在个别品类上成长出了"独角兽"，并且体量完全无法与既有互联网企业相比拟。

在物联网产业中，首先，细分领域的应用，比互联网应用更琐碎，更冗杂，并且大部分都是"脏活累活"，市场容量也相对更小，大企业肯定不会亲自下场"作业"，最多投资一些小企业去"打江山"。然后看入口级应用，实际上，除了知道这个入口级应用一定和语音技术有关外，其他方面一无所知，甚至不知道它将是什么样的形态。最后看硬件，虽然未来的联网设备总量大，但是每一种设备联网后，都要保持其既有的专业用途，所以很难找到一种像智能手机那样，能够承载足够大量应用的设备。或许通用机器人可以，但是目前的技术水平，还只能让机器人达到3～5岁人类的能力，并且价格昂贵，不具备迅速普及的条件。即便如此，大部分企业还是推出了一款"早期替代产品"——智能音箱。但是从应用实践来看，它的应用场景还很有限。

在这样的情况下，大部分企业都将目光聚焦在了操作系统层面。为了区分和嵌入式操作系统的区别，大部分面向物联网应用开发的"操作系统"都以"物联网应用开发平台"的名义存在，都梦想着有一天能够像Android或iOS那样，有无数个物联网应用连接并依赖自己的平台（未来的物联网生态系统见图3-1）。因此，2017年，物联网应用开发平台成为产业风口。一时间，仅中国就有数十家企业置身其中。虽然由于物联网应用的复杂性，真正能够称为"应用开发平台"的企业没几家，但这不失为物联网产业发展中一次有益的探索。正是这次探索，促使了物联网企业的良性分化。

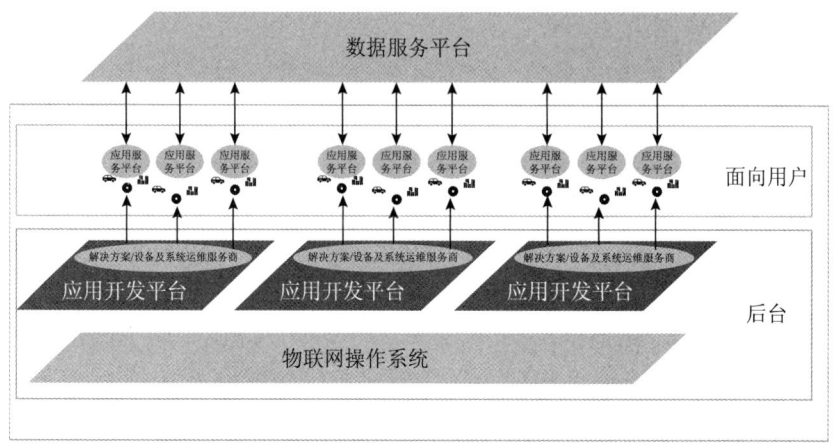

图 3-1 未来的物联网生态系统

2018 年,AIoT 的概念骤然兴起,AI 企业和物联网企业结合的意向开始增强。虽然在此期间,人工智能技术在物联网中的应用还比较有局限性,除了传统的教育、商业服务等领域外,使用比较多的场景有视频监控、人脸识别、智能音箱、玩具机器人等。但是,随着 AI 在物联网领域应用探索的深入,更多的场景正在被开启,比如语音技术头部企业之一的思必驰透露,截至 2018 年,其支持的家居类智能硬件品类已超过 50 个。机器视觉领域的独角兽商汤科技,应用也已经触达 10 多个细分行业。

2018 年,区块链在"数字货币"市场上遭遇重创,开始在其他领域寻找市场突破口,大部分企业都看准了物联网。可能很多人一看到区块链,想到的就是各种"数字货币",但实际上它是一种计算机技术,而"数字货币"是这种技术的应用场景之一。那么区块链是一种什么技术呢?官方给出了两种定义:狭义上,区块链是一种按照时间顺序将数据区块以顺序相连的方式组合成的一种链式数据结构,并以密码学方式保证的不可篡改和不可伪造的分布式账本。广义上,区块链技术是利用块链式数据结构来验证与存储数据、利用分布式节点共识算法来生成和更新数据、利用密码学的方式保证数据传输和访问的安全、利用由自动化脚本代码组成的智能合约来编程和操作数据的一种全新的分布式基础架构与计算方式。通俗来讲,就是一种保障用户的数据不丢失,不被篡改,并且还能有数以万计,甚至更多人为用户作证"你的数据就是你的数据"的技术。那么这样一种技术,如何在物联网应用中发挥作用呢?

物联网时代的一个明显特征是,所有物品数据化,所有数据数字化,形成完整数据版图(见图 3-2)。在这样的情况下,谁的数据是有价值的,哪些数据是有价值的,数据拥有者如何获得合理的价值回馈,就成了问题。比如,2014 年—2016 年间,大量家电设备联网,但不同厂家的家电设备不能互联互通,当时业界认为主要原因就是数据归属权和价值无法认定。而区块链技术就是解决这一问题的,并且其在"数字货币"这样对安全性要求极高的领域的成功验证,使得再复杂的物联网应用,对它来说都不是问题。

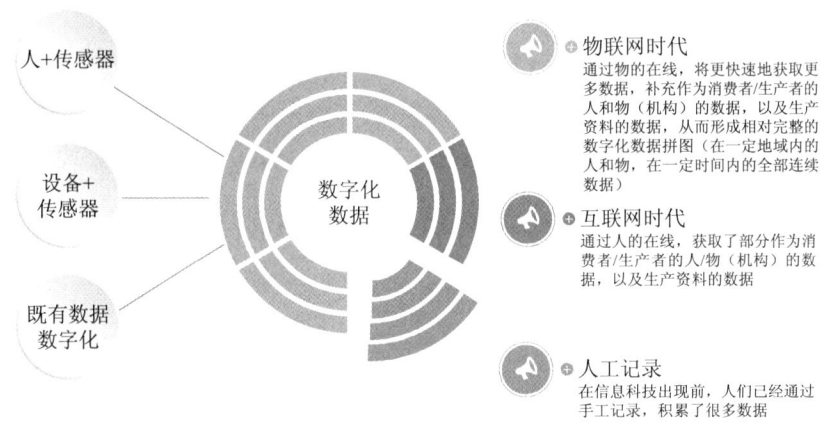

图 3-2 物联网时代的特征

2011 年,美国纽约哥伦比亚大学的 Stolfo 教授首次提出了"雾"的概念。2012 年,思科正式提出雾计算的概念,并给出了详细定义,意在将计算能力延伸至更接近用户的网络边缘设备中,比如路由器、基站等层面,而不是全部集中在云端。2014 年,思科开始在物联网产业营销雾计算的理念。2016 年,关于雾计算和物联网的新闻就多了起来。同时,又出现了一个非常有趣的新概念"霾计算",意思是将计算再往下沉,直接到采集数据的终端设备上,比如冰箱、空调、路灯、井盖等直接服务于用户的设备,甚至是传感器。此后,这些概念都被"边缘计算"一统江湖了。到 2018 年,不在云端的数据处理都归属边缘计算的范畴。"云计

算 + 边缘计算"的数据组合，有效地解决了物联网应用在低时延、高可靠性以及大数据赋能等方面的需求。

总体来看，从 2008 年到 2019 年，全球都经历了同样的技术进程。

2008 年，3G 商用使我们的移动通信网络从仅能满足发短信和打电话的时代，进入到可以上网的时代。

2008 年，《比特币白皮书》发布，区块链技术诞生；2016 年，区块链在"虚拟货币"领域的应用爆发；2018 年，区块链"造币"神话破灭，开始大举进入行业应用。

2008 年，云计算技术开始商用，2013 年开始全面普及。

2008 年，大数据技术开始商用，2013 年开始全面普及。

2012 年，深度学习算法取得突破性进展，降低了 AI 技术的进入门槛。2016 年，AI 在各个领域的应用探索开始，并呈普及态势。

2012 年，4G 商用使我们的移动通信网络从支持发短信、打电话、上网，到可以通过网络进行视频直播。

2016 年，NB-IoT 标准冻结，标志着物联网获得国际市场认可。

2019 年，5G 核心网标准冻结，我们的移动网络速度更快，实测下载速率可达 700Mbit/s，上传速率可达 98Mbit/s。2020 年，5G 标准将全部冻结。

正是通信技术、云计算、大数据、AI、区块链等技术在最近的十几年间取得了质的突破，再与较为成熟的传感器技术合力，才推动了工业 4.0 或 CPS，或者物联网所代表的趋势——物理世界数字化，在这个时间点到来。

第四章
物联网后,物质社会的质变开始

全部数据数字化将在物联网时代实现,所以物联网后,我们人类社会将由工业社会正式进入信息社会,或者说数字社会。同时,我们也将从人控制机器的阶段进入被人类自己创造的"数据机器"操控的阶段,人和其他物理实体,都将成为这台或者几台"数据机器"的一个指令执行节点,或者一颗"螺丝钉"。不过,虽然现在物联网终端数量激增,但是要形成与物理世界一一映射的"数字世界",也并没有那么快。因为形成数字世界,不是目的,而是我们在解决物理世界中遇到的一个个小问题后,造成的必然结果,所以我们不能提前凭空构造这个数据世界的框架。

在第一次工业革命之前,人类社会处于农耕时代,虽然也有工业,但都是比较粗浅的手工制造。一如马克思在《资本论》中的描述:人类通过劳动使蕴含使用价值的物品脱离土地的过程。所以是为农业社会。整个农业时代延续了数千年。第一次工业革命开启了人类的工业化进程,但是第一次工业革命涉及的范围是局部的,所以直到第二次工业革命后,工业才开始真正在人类社会中处于主导地位。伴随着第三次工业革命,工业在整个人类社会发展进程中的历史地位达到了最高点,在此阶段,农业几乎也实现了完全的工业化,但同时,由于生产力的大幅提高,致使产能大量过剩,工业发展陷入疲软状态,即所谓的后工业化时代到来。与此同时,作为第三次工业革命核心驱动力的电子信息技术,点燃了数字社会的火种。而所谓的第四次工业革命,其实不仅仅是一场工业革命,更是全人类面临的一场数字化革命。在此之前,不管是农业社会,还是工业社会,人类都可以支配通过自己劳动创造出来的物质资料;但是,在此之后,人类将受到自己创造出来的数字世界的支配。物联网则是推动这场革命到达临界点的最后一步。

为什么是物联网

回答这个问题,就要从当前人类社会面临的问题说起。在此还是借用 2008 年 11 月在纽约召开的外国关系理事会上,IBM 董事长兼 CEO 彭明盛 "*A Smarter Planet:The Next Leadership Agenda*"(《智慧的地球:下一代领导人议程》)演讲中的一段话,因为即便是 10 年后的今天,它还是很有说服力的。

Because we must. Not just at moments of widespread shock, but integrated into our day-to-day operations. These mundane processes of business, government and life — which are ultimately the source of those "surprising" crises – are not smart enough to be sustainable.

因为我们必须这么做。不仅在受到广泛冲击的时候需要这么做，而且在每天实际的业务操作中也该这么做。商业、政治和生活——这些日常的，却是"令人惊讶的"危机来源——还不够智能，还不能实现永久良性维持。

Consider：

请考虑一下：

How much energy we waste：According to published reports, the losses of electrical energy because grid systems are not "smart" range as high as 40 to 70 percent around the world.

我们浪费了多少能源：根据公开报告，世界各国损失的电能高达40%到70%，原因是电网系统不够"智能"。

How gridlocked our cities are：Congested roadways in the U.S. cost $78 billion annually, in the form of 4.2 billion lost hours and 2.9 billion gallons of wasted gas — and that's not even counting the impact on our air quality.

我们的城市何等拥挤：美国拥挤的道路，每年浪费掉人们42亿小时，产生29亿加仑（1加仑约3.79升）的废气。二者总损失高达780亿美元（这还不包括对空气质量的影响）。

How inefficient our supply chains are：Consumer product and retail industries lose about $40 billion annually, or 3.5 percent of their sales, due to supply chain inefficiencies.

我们的供应链何等低效：低效的供应链，导致消费品行业和零售业每年的损失高达400亿美元，或者其销售总额的3.5%。

How antiquated our healthcare system is：In truth, it isn't a "system" at all. It doesn't link from diagnosis, to drug discovery, to healthcare deliverers, to insurers, to employers. Meanwhile, personal expenditures on health now push more than 100 million people worldwide below the poverty line each year.

我们的医疗保健系统何等陈旧：事实上，它都算不上是一个"系统"。

它无法实现诊断、抓药、医疗服务供应商、保险公司和患者之间的联动。同时，医疗保健开支每年把全球1亿多人推到贫困线以下。

How our planet's water supply is drying up：Global water usage has increased six-fold since the 1900s，twice the rate of human population growth. According to the Asian Development Bank，one in five people living today lacks access to safe drinking water，and half the world's population does not have adequate sanitation.

我们地球的水供给何其枯竭：20世纪以来，全球水资源使用量增长了6倍，是人口增长速度的2倍。亚洲开发银行称，全球1/5的人口无法享用安全的饮用水，一半人口享受不到充足的卫生条件。

And，of course，the crisis in our financial markets：This will be analyzed for decades，but one thing is already clear. Financial institutions spread risk but weren't able to track risk – and that uncertainty，that lack of knowing with precision，undermined confidence.

当然，还有这场金融危机：金融危机肯定一直都会受到关注，但有一点是非常肯定的。金融机构传播危机，但是却不能追踪危机——这种不确定性，这种对事物不精准的了解，必将打击人们的信心。

It's obvious，when you consider the trajectories of development driving the planet today，that we're going to have to run a lot smarter and more efficiently — especially as we seek the next areas of investment to drive economic growth and to move large parts of the global economy out of recession.

很明显，思考一下今天世界发展的轨迹，我们就知道很有必要更智能更高效地工作，尤其是当我们都在寻找新的经济增长点，努力使全球经济摆脱衰退趋势的时候。

彭明盛的这段讲话描述得很清楚，因为我们地球上的"运营系统"不够智能，致使资源浪费、环境污染、效率低下、资源分配不平衡，甚至引发金融危机，导致经济崩溃。我们要解决这些问题，就要精确地了解每项事物运行、发展过程中的每一个细节。今天，我们已经具备了实现这一目标的技术手段。这就是彭明盛发表的《智慧的地球：下一代领导人议程》主题演讲的核心主旨：

But in an instrumented world, systems and objects can now "speak" to one another, too. Think about the prospect of a trillion connected and intelligent things — cars, appliances, cameras, roadways, pipelines... even pharmaceuticals and livestock. The amount of information produced by the interaction of all those things will be unprecedented.

但是在这个高科技的时代，系统和物体之间也可以相互"对话"。想象一下，数以万亿计的事物紧密相连——汽车、器具、照相机、道路、管道……甚至药品和家畜。由此而产生的信息量将是空前的。

Third, all things are becoming intelligent: New computing models can handle the proliferation of end-user devices, sensors and actuators and connect them with backend systems. Combined with advanced analytics, those supercomputers can turn mountains of data into intelligence that can be translated into action, making our systems, processes and infrastructures more efficient, more productive and responsive – in a word, smarter.

最后，所有的事物都变得智能：新的计算模型可以掌控日益激增的用户设备、传感器和传动结构，并将它们与后端系统连接。通过与高级的分析学相结合，超级计算机可以将成堆的数据转换成可以指导行动的智能指令，使我们的系统、流程和基础结构更高效、更多产、反应更快——简言之：更加智能。

What this means is that the digital and physical infrastructures of the world are converging. Computational power is being put into things we wouldn't recognize as computers. Indeed, almost anything — any person, any object, any process or any service, for any organization, large or small — can become digitally aware and networked.

这意味着一场数字世界和物理世界的大融合正在进行。很多物质资料都将具有和计算机一样的能力。事实上，几乎所有的事物——人、物体、任何组织的流程或服务，不管规模大小——都将被数字化并与网络连接。

也正是这一段对智慧地球的描述，才使"物联网"初显端倪。不过事实上，该演讲中也并没有明确提出"物联网(Internet of Things)"这样一个凝练的概念，只是在描绘智慧地球时代的现象以及实现方式时提到了相似概念：almost anything — any person, any object, any process or any service, for any organization,large or small — can become digitally aware and networked.(几乎所有的事物——人、物体、任何组织的流程或服务，不管规模大小——都将被数字化并与网络连接。)

物联网的技术演进及核心特征

"物联网"这一概念被正式提出是在2009年8月，国家领导人视察无锡期间，参观中科院无锡高新微纳传感网工程技术研发中心时，由该中心的研究员郑春雷提出。该中心的研究员之所以会提出这样的概念要追溯到该中心的研究方向。

2008年11月，中科院无锡高新微纳传感网工程技术研发中心由无锡市与中国科学院上海微系统与信息技术研究所联合成立。该中心主任便是日后叱咤物联网界的原中国科学院上海微系统与信息技术研究所副所长刘海涛。中国科学院上海微系统与信息技术研究所原名中国科学院上海冶金研究所，前身是成立于1928年的国立中央研究院工程研究所，是中国最早的工学研究机构之一。新中国成立后隶属中国科学院，曾命名中国科学院工学实验馆、中国科学院冶金陶瓷研究所。2001年8月，根据科研领域和科技发展目标的调整，更名为中国科学院上海微系统与信息技术研究所（简称上海微系统所）。据公开资料显示，刘海涛1998年进入上海微系统所工作。1999年，他带着"微系统信息网"的设想，向上海微系统所的领导申请到了40万元的研究经费。就这样，2001年，中国第一个"无线传感网络的课题研究组"成立了。到2008年，传感网技术开始在一些地方和领域慢慢得到了应用，并先后成立了3个研究中心。并在宁波、上海等地进行一些落地应用，比如在上海浦东机场布设了3万多个传感节点。而这个传感网技术的核心就是"把单一的传感器连成体系"。如果把 IBM CEO 彭明盛所讲的智慧地球看作全面实现信息化和数字化的结果,那么"传感网"就是实现方式和过程。而将"传感网"概念升华为"物联网"的郑春雷,正是刘海涛的学生,曾被视为其"大弟子"。

应该说,早期的物联网概念还有局限性,但是随着传感、通信、计算机三大技术的不断突破,以及产业实践的不断增加,今天的物联网已经远远超出了"将单个传感器连成一个体系"的概念。早期物联网的架构见图 4-1。

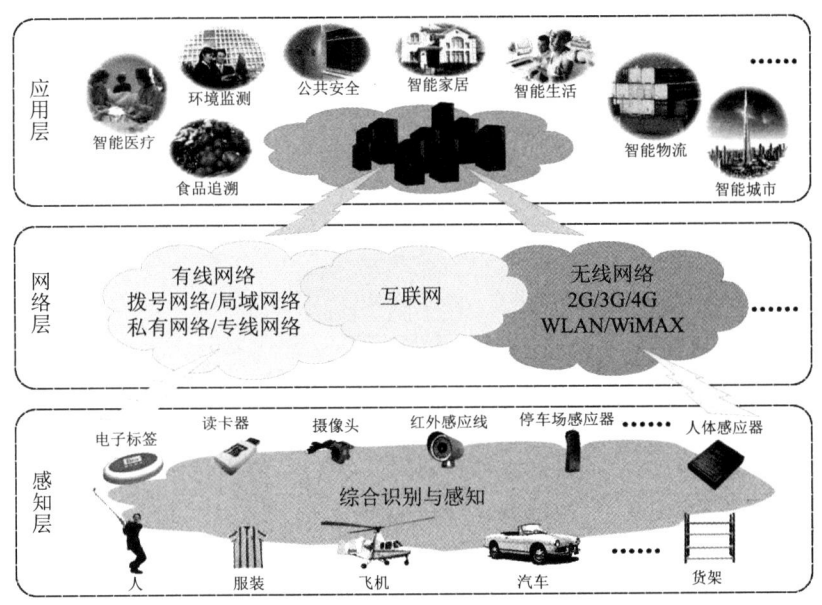

图 4-1 早期物联网的三层架构

传感网以物联网的概念,在全国范围内推广后,在经历了其技术路线是三层架构(感知—传输—应用),还是四层架构(感知—传输—数据处理—应用)的争论后,最终四层架构成为落地应用中的主要技术方式(见图 4-2)。不过每一层的支撑技术在不断发生着变化。时至今日,由于 AI 与边缘计算的到来,使得"物"已超越"联网",而开始实现"智能"。

		农业	工业	服务业
A (Application) 应用	领域	种植 养殖 林业	轻工业 重工业 水利	交通运输 医护 金融 餐饮住宿 能源 地产 零售 文体娱教 市政基建
	形式	系统+网页展示	系统+App展示+服务	服务+App展示+系统
DC (Data Center) 数据处理		本地软件	数据聚合分发及应用赋能	
			云计算/大数据/本地软件	云计算/大数据AI/区块链/边缘计算
C (Communica- tion)传输		RFID ZigBee/PLC/Wi-Fi/2G/3G	Wi-Fi RFID/2G/3G/4G/ZigBee/ Z-Wave/PLC	Wi-Fi/NB-IoT/LoRaRFID/2G/3G/4G /ZigBee PLC /Z-Wave/Sigfox/eMTC+ 计算
D (Device) 感知		设备+传感器	设备+传感器	设备+传感器+计算
		2009---2012	2013---2016	2017---2019

图 4-2 物联网技术路线的演进

物联网，最直白的解释，就是"物"连接到网络。如果按照这一释义向前追溯，我们的计算机、手机，乃至以前的有线电话、电视，甚至更早的电报等，都可以看作物联网的终端。只不过它们的联网是在一个漫长的过程中陆续实现的。比如首个电报系统于 19 世纪 30 年代开通使用；1876 年，出现了首台有线电话；1925 年，真正意义上的首台电视才被发明；1946 年，首台计算机诞生，但是需要占据一间房子大的计算机无法普及，所以 1964 年 IBM 才推出了可大规模普及的计算机；而手机的使用，如果从贝尔为美国军方制造的第一部"移动电话"开始算，也要到 1938 年，而真正在民用领域普及的手机要算 1983 年的大哥大，真正概念上的智能手机开始于 2007 年苹果推出的第一款 iPhone。也就是说，经历了将近 200 年，我们身边可见的联网设备还是能数得过来的。

人类社会进入物联网时代的概念是在非常短的时间内，人类赖以生存的物质资料大规模，或者说全部实现联网，并且新产生的物质资料也都将以可联网的形态呈现。就像现在，据全球统计机构公布的数据，2018 年全球的设备连接量达到 220 亿台；据国内最早的物联网硬件开发平台——机智云的统计，基于其平台开发的智能硬件产品已达 1 万多个品类，这只用了不到 10 年的时间。这一进程将越来越快，据前面提到的统计机构预估，到 2025 年，全球的物联网设备连接量将超过 400 亿台。

大量物质资料联网后，我们通过它们"贡献"的实时、真实数据，再加上互联网时代已经形成的人、物和其他信息物质资料的数据，就能构建一个和物理世界完全一一对应的数字世界。这个数字世界，不仅能实时"汲取"物理世界的信息及物质动态，而且能通过大量数据模型形成一只无形的"手"，随时准备着纠正物理世界的"一切不正确状态"。届时，"精准掌握事物发展进程"，我们当前面临的资源浪费、效率低下、资源分配不均衡、工业产能过剩、金融管控漏洞等问题，都将是"小事一桩"。

此后，我们人类社会将由工业社会正式进入信息社会，或者说数字社会。同时，我们也将从人控制机器的阶段进入被人类自己创造的"数据机器"操控的阶段，人和其他物理实体，都将成为这台或者几台"数据机器"的一个指令执行节点，或者一颗"螺丝钉"。

不过，虽然现在物联网终端数量激增，但是要形成与物理世界一一映射的"数字世界"，也并没有那么快。因为形成数字世界，不是目的，而是我们在解决物理世界中遇到的一个个小问题后，造成的必然结果，所以我们不能提前凭空构造这个数据世界的框架。我们现在只能看到这样的趋势，但是并不知道它最终会以怎样的形态呈现。同时，物理世界中的"小问题"解决起来也没那么容易。比如"冰箱联网后，增加的成本如何解决""A 公司的空调和 B 公司的油烟机怎么互联互通"等这种琐碎的问题，可能每一个问题解决起来都需要一年，甚至几年。而一个场景中的问题解决后，跨场景的问题也要解决，比如交通系统和医疗系统如何联动、生产系统和环境系统如何交互等，都是更加复杂的问题。当然，这些并不影响我们"数字世界"这个进程的开始，也不会阻碍"数字世界"必将形成——这个结果的到来。事实上，当物联网被开启的那一刻，变革的声音已经响起。

第二篇

变革的声音

第五章
联网——物质资料进入新时代的"准入证"

万物互联,已不再是趋势,而是正在发生的事实。据统计,2018年全球物联网设备连接量已达220亿台,并将以28.7%的年复合增长率增长。所幸,今天的我们,还处于新旧"物种"交替的初始阶段,距离新时代的大门还有最后"一公里",联网的新物种的总量,还远远低于传统的旧物种,所以几乎每一个人、每一个机构都有机会去争取这张"准入证"。当然,这也是最残酷、最漫长的"最后一公里"。

2015年10月18日，我国白家电领军企业——海尔在北京举办了一场名为"馨厨·一台快乐的冰箱"发布会。这场发布会的主角是一台互联网冰箱。从外观上看，这台冰箱和传统冰箱没有很大不同，只是多了一块"屏"。增加了一块"屏"的冰箱，除了具备制冷、保鲜等基本功能外，还可以通过那块10.1英寸（1英寸约2.54厘米）、像素达1280×800的TFT（Thin Film Transistor，薄膜晶体管）多指触摸屏，实时向用户展示冰箱里温湿度、食物存储量等信息，并可以下载一些菜谱、广播、视频等App，在协助煮妇/夫们做出美味佳肴的同时，还能帮助大家打发无聊的厨房时光。这款互联网冰箱在接下来的几年里不断推出升级版。其中，2016年版本的最大亮点是在原有基础上，整合了诸如中粮集团、易果生鲜、一号店等食品/日用品电商平台，增加了生鲜配送服务；2017年版本的最大亮点，是搭载人工智能技术，主要是语音技术，可以实现冰箱与人在设定场景下的简单对话；而在2018年的版本中，海尔的馨厨冰箱已经不能再简单地称之为一台互联网冰箱，或者智能冰箱了，它已经升级为厨房控制中心，比如，用户在冰箱上点击菜谱后，冰箱就会向其他厨房电器发送操作指令，通过一键联动烤箱、油烟机、灶具等，实现智能化烹饪。当然前提是这些设备都联网，并且都属于海尔系。

2015年，在广州，5个开办幼儿园的年轻人，创办了一家名为"我萌科技"的公司，"发明"了一台新的3D打印机。这台3D打印机原理上和其他3D打印机没有什么不同，但是当和一个名为DTU（Data Transfer Unit，数据传输单元）的纸模设计平台结合起来的时候，它就成了一个新物种——纸模生产工厂。没错，一台打印机就是一个工厂。在这个工厂，用户只要通过计算机或手机，把自己设计的图案上传到DTU平台，或者采用DTU平台上的素材组成自己想要的图案，然后选择距离自己比较近的打印机进行打印，就能立等可取，并且想要多少，就打印多少，每张纸模零售价为 5～8 元。该台打印机基本可以实现 DIY 设计，实时打印，要多少打多少，个性定制，绝不浪费。完全规避了传统纸模购买设计版权或许面临设计过时的风险和集中批量生产可能造成资源浪费的弊端。同时，我萌科技的纸模打印机采用租赁模式，和幼儿园、游乐场、科技馆、旅游景点等合作，联合推出具有"本地特色"的纸模图案，最大限度地满足用户的个性化需求，并且"把工厂建在离消费者最近的地方"，创始人之一的袁明波认为这才是真正的工业 4.0。

2011 年，西门子对其位于德国安贝格的 PLC（Programmable Logic Controller，可编程逻辑控制器）生产工厂进行了一次升级改造，这次改造的标准就是日后影响整个产业的工业 4.0。改造后的工厂，仅有 1200 名员工，可实现 24 小时连续生产，全年产能达 1500 万件产品，平均每秒即可交付一件产品，并且产品合格率达到 99.9985%，生产效率比以往提高 8 倍。从原料配送到整个生产过程已经全部实现了自动化和信息化，75% 的生产工序都不再需要人工参与。比如，当生产过程中需要某种原料时，相关信息会显示在大屏上，工人用扫描器扫描该原料样本，信息便会传输到仓库的管理系统上，该系统会通知物流系统，指派适当的运输工具到指定位置取货，然后将物料通过 5 千米长的地下自动化运输带，送到生产线上，此后的所有生产环节都不再需要人工的介入。当然，人工依然不可省去，只是主要作用不再是参与生产，比如安贝格工厂的 1200 名工人，主要是查看生产进度，并提出改进意见。安贝格工厂之所以能实现如此高水平的自动化，甚至说是智能化生产，核心在于一套基于 CPS（Cyber-Physical System，信息物理系统）架构的自动化管理系统：首先，在计算机世界中，有一套虚拟生产系统，将整个生产过程已经全部设定好了。在生产过程中，通过一个控制中心，将相关的生产程序信息传输给前端的原料供给设备及生产设备。在前端，生产线的每个环节都可以实现自动化运转，每一个原料都有一个唯一标识，生产线上每一个环节都有一个标识扫描器，当物料经过时，扫描器会自动扫描其标识，并验证信息，核验无误后，就会根据中央控制系统下发的工序指令完成生产程序。2013 年，西门子在成都将安贝格工厂进行了复制。2014 年，工业 4.0 概念作为

《中德合作行动纲要》的一项重要内容，开始在中国被大力推广。2016年4月，西门子将其智能工厂系统凝结为工业物联网操作系统MindSphere，并于2019年4月正式发布中国版。

新物品已随处可见

从冰箱开始卖菜，到虚拟现实（VR）眼镜开始用于工业；从生产设备可监控，到实现自动化，甚至个性化生产，无不展示了人类生活和生产所需的物质资料，在新一代信息技术的驱动下正在发生的革命性变化。自2010年，尤其是2014年以来，物质资料的这种变化，已经成为常态。

2017年，在物联网垂直媒体"联动原素"举办的一个传感器领域的小型交流会上，来自博世的代表分享了博世传感器从1995年到2015年的销售数据。2005年，其传感器出货量才突破500万只，在此阶段，其只有汽车领域的客户；2010年，其出货量突破1500万只，主要还是依赖汽车领域的客户，但是开始延展到其他领域；到2015年，其出货量已达到6000万只，是2005年的12倍、2010年的4倍，且其中70%来自于汽车以外的领域，涵盖家居设备、可穿戴设备、工业设备等，细分领域达30多个。同时，多位传感器领域的专家均表示：物联网将带来万亿传感器时代。TMT（Technology,Media,Telecom，科技、媒体、通信）领域知名市场研究机构Gartner发布的数据显示，2015年，全球的联网设备数量达50亿台，2016年达64亿台，2017年84亿台，并预测到2020年全球的联网设备总量将达260亿台。

据联动物联网产业研究院的统计，截至2018年年底，仅家居类智能硬件产品已近200个品类，大到冰箱、洗衣机，小到台灯、加湿器，甚至连相框都智能化了。真真是应了那句：只有你想不到，没有你做不到。比如曾经出现过一个智能打火机，该产品设计的出发点在于帮助烟民戒烟。所以被改装过的智能打火机，不能直接点火，而是要通过手机App来控制点火。也就是说，你购买了这个智能打火机后，需要在手机上安装一个和打火机关联的App，每次点火需要先打开手机App，在App上点击打火机开关按钮，来进行点火。"这样你每次抽烟都会有记录。你可以设置每天抽烟的数量，如果你点击打火机开关的次数超过了设置的次数，那么你的打火机就点不着火了。"该产品的创始人当时介绍说。一位烟民在听完这个项目介绍后，说了一句："违背人性，想打人！"虽然这个项目后来没了下文，但是关于智能打火机的探索并没有停止，并且智能化的方式更加多样化：比如手机打火机，兼具打火机和智能手机的功能，还能安装SIM卡，打电话、拍照、下载各种应用；还有通过触摸屏点燃，并可充电的打火机等。

与此同时，自2009年开始，在物联网、智慧城市、工业4.0等概念和政策，以及各种试点示范工程项目的驱动下，"生产设备"联网，也已经发生在物品生产、流通、服务的方方面面。从2010年到2015年，工业和信息化部（下文简称工信部）支持的物联网示范试点项目达400多个，涵盖20多个领域；自2015年到2018年，工信部先后发布了307个国家级智能制造试点示范项目。除了工信部这样的信息化主管部门外，其他各部委也都相继发布指导文件，或者以试点示范工程的方式，推进各个领域的信息化进程。比如，农业部在2011年和2016年均发布了农业信息化发展规划，并于2013年推出《农业物联网区域试验工程工作方案》，规划了天津、上海、安徽三大试验区。自2013年至2015年，住房和城乡建设部（下文简称住建部）先后公布3批共290个智慧城市试点工程；2017年10月，公安部消防局发布了《关于全面推进"智慧消防"建设的指导意见》，提出逐步向有条件的城市推广物联网消防远程监控系统，并要求在2018年年底消防设备全部接入系统。号召以物联网手段，推动我们的管理、服务效能提升的政策法规以及引导措施，自2010年以来不断推出，且2016年以后，速度进一步加快。这一切无不促成了我们的传统功能设备向联网化、智能化方向进阶。

在与民生相关的仪器仪表领域，据联动物联网产业研究院统计，截至2017年，我国电表的累计招标总量在5亿只，其中国网占比70%，南网占比30%。国网管理范围内的电表已100%实现联网，南网管理范围内的电表联网比例也达70%。也就是说，已经投入使用的联网电表总量达4亿只。同时，截至2017年，中国燃气表联网总数达3000万只，而2018年一年达2000万只。相对于电表和燃气表，水表是一个管理相对分散的领域，但是据公开资料显示，截至 2018 年，水表总量也在 1 亿只左右（不含 IC 卡水表）。在 2017 年中央电视台播出的《辉煌中国》纪录片中提到：在我国，用于城市安全监控的摄像头数量已超过 2000 万个。不过这仅仅是安防视频监控类产品的冰山一角。据我国最大的安防产品及方案供应商海康威视的年报披露，其 2018 年的产品总销售量为 1.26 亿台（套），其中国内占比 70%，将近 9000 万台（套）。从 2011 年到 2018 年，累计销量达 3.9 亿台（套），其中国内的销售比例一直保持在 70%～85%，累计将近 3 亿台（套）。按照海康威视在我国视频监控领域 40% 的市场占有率计算，截至 2018 年，我国视频监控产品总量达 7.5 亿台（套）。这些都属于单一品类中数量级比较大的产品。而在商业或工业级应用中，这种单体量级比较大的产品属于少数，品类多数量少才是它的核心特点。比如国内最早的物联网终端开发平台公司机智云 CEO 黄灼曾透露，其平台上有一个专门为国内机场提供清洁服务的清洁机器人公司，其设备总量仅有 5000 台，但是已经是国内该行业最大的企业。另外，比如在轨道交通、高速公路等的建设中必不可少的盾构机具，2011 年前的总保有量不到 200 台。2015 年后，我国公共交通基础设施建设投入力度倍增的情况下，每年的总销量也才 300～400 台。类似于这样的产品量级，在工业和商业场景中极其常见。也正因为如此，在机智云的平台上，设备总连接量不到 2000 万台，但是却涵盖上万个品类。

总之，人类赖以生存的物质资料已经在向着联网化、智能化的方向发展，参与的品类越来越多，发展进程越来越快，比如机智云的物联网开发平台于 2013 年推出，在短短的 6 年间，覆盖了 10000 多个品类的智能硬件产品及应用。同时，这个进程是不可逆的。可能某些企业或机构参与者会在推进产品智能化的过程中因各种原因放弃，但是总进程是不可逆的。而这个进程，也只是人类社会总进程中的一个阶段，是对过去社会发展进程的延续。

我们的通信从 200 年前的飞鸽传书，到 100 年前的电报，到 50 年前的电话，到 20 年前的手机，再到今天的微信；我们的出行工具从 200 年前的马车，到 50 年前的自行车，再到今天的小汽车；我们的手机，从 20 世纪七八十年代的传呼机、大哥大，到 2000 年左右的功能机，再到今天像一台小型计算机一样的智能机，都是一次又一次新物品对旧物品的替代。我们无法完全说清楚，甚至看清楚新物品的好，但是无论是生产者，还是消费者，在面临新和旧的抉择时，大概率会选择新物品。而我们每一次的大概率选择方向，都会将新物品向我们拉近一步，将旧物品向我们推远一步。虽然这样的选择分化到每一个人，降格到选座机电话还是选手持电话时，显得微不足道，但是当把 70 亿个，哪怕只有一半，甚至是 1/10 的"个体选择力"凝聚在一起，就能引起一场产业变革：比如座机电话被淘汰，手持电话会崛起。如果我们将多个类似"座机电话还是手持电话"这样对细分领域的选择，再凝聚起来，就会形成更大范围、更加深刻的产业变革，因此我们才有了蒸汽技术引发的第一次工业革命，电力技术引发的第二次工业革命，以及信息技术引发的第三次工业革命。

最近 10 年，由于信息技术的深化应用，又激发了联网/智能设备这种新物品的规模化产生，所以业界普遍认为我们将迎来第四次工业革命。然而，概念的界定毫无意义，我们重点还是要关注，在这个必然发生的由新一代信息技术深化应用引发的产业结构甚至社会结构重构的时代，无法逃避的你我如何顺应趋势，坦然应对。

实体物质资料联网后的 4 种新形态

前文列举的几个案例，看似相差甚远，毫无关联，但是实际上，它们代表了物质资料智能化后的几类新形态，以及相关智能产品和应用的不同实现方式。

第一类，提升产品在既有应用场景中、既有使用方式下的应用体验。比如捷安特的智能自行车，不仅用户对自己的自行车状态可以实时可控，而且捷安特可以提前预测自行车的故障，从而为用户提供更及时的服务；海尔的智能冰箱，用户购买后，不仅可以享受更加优质的保鲜存储服务，而且可以享受食材采购服务；徐工集团的工程机械，联网后，购买其工程机械的施工方和徐工集团都能实时了解设备的运行状况，避免发生"机器不动了，工程师跨越半个地球，发现只是轴承里卡了一块土"的窘境；西门子的安贝格工厂，通过生产设备的自动化、智能化，大幅提高生产效率，降低成本。

第二类，在既有的应用场景中，创造新的应用方式。比如共享单车，依然服务于人类出行这个场景，但是其应用方式改变了，从传统单车向用户出售"出行服务＋载体"，变成仅仅向用户出售"出行服务"；我萌的纸模打印机，主要价值输出依然是打印，和纸模生产工厂里的打印机没有本质区别，但是它的价值呈现方式改变了，用户可以参与纸模的设计，可以看到其生产过程，可以按张购买，而不是按本购买。

第三类，借助产品既有属性，应用场景和应用方式全部改变。比如智能眼镜，原本是面向消费者，解决近视问题。单从眼镜本身来讲，最多再发展到太阳镜，解决强光照射问题。但是当眼镜智能化后，它已经不再是眼镜了，你可以说它是一台放在你眼前的计算机，一部放在你眼前的手机，一台放在你眼前的电视。总之，它不仅是你视力的延伸，还是你智力的延伸。在此情况下，若仅仅将它用于解决近视问题，完全是大材小用。所以今天的智能眼镜，已经成为很多领域的赋能工具。战士戴上它，不用探出安全蔽障物就可以看到恐怖分子的精确位置；医生戴上它，可以在远在万里的专家的指导下做手术；工人戴上它，无须数月培训，便可马上上岗。也就是说，智能眼镜不是眼镜，它只是借助了眼镜可以放于眼前的属性。

第四类，全新物品。比如机器人。前三类只是对传统既有产品改造后形成的新物品，而机器人则是完完全全的新物种，并且将成为人类历史上由人类创造的最高端的机器。今天已经在我们的生产与生活中出现的诸如机器人手臂、搬运机器人、扫地机器人、客服机器人、儿童陪伴机器人等，只能算最低端的机器人产品。目前国内、国际上知名的自动化、AI企业都在进行类人机器人的研究。或许有一天，我们身边的一切物品都会成为机器人，并且都会类人化。

设备联网的两种实现方式：前装和后装

设备智能化的实现方式可以分为两种。

一种是由设备生产者，或者相关应用服务方主导的智能化升级，我们姑且称之为"前装智能化"。比如共享单车中的智能自行车，就是由共享单车运营商来主导并设计的；智能眼镜，也是由智能眼镜厂商来主导设计并生产的。此外，前文所述机智云平台上的10000多个品类的智能硬件产品，均来自于设备厂商或相关服务运营商对产品智能化升级改造的需求。

另一种是在既有设备上进行联网，或进行智能化改造，以满足管理或服务优化的需求，这可以称之为"后装智能化"，并一般由设备使用方主导设备智能化的升级。比如以西门子的安贝格工厂为代表的智能制造、智慧工厂项目，以及我国的几百个智慧城市项目中涉及的硬件智能化升级项目，基本是由工厂、政府等使用方主导的。

当前，无论是我国的联网设备，还是世界各国的联网设备，不管是"前装智能化"，还是"后装智能化"，都在飞速发展。而它之所以能够飞速发展，是因为现代技术下的联网，或智能化赋予物质资料的新能力，能够满足用户长久以来的潜在需求，或由于时代环境的改变而产生的新需求。如果我们的信息技术回到20世纪初期，一台计算机像一间房子那么大，我们肯定无法将一个有计算能力的集传感器、通信芯片于一体的智能化模组放置于一个纽扣大小的追踪器内。但是，今天我们的技术完全可以实现，我们生产出了可以用医院的肌肉注射器打进人体的生物传感器，生产出了核心面积只有0.0184平方毫米的通信芯片，生产出了50纳米的计算芯片。这让我们看到了无限可能。

虽然设备联网后，可能面临信息泄露及设备被非法操控的危险，尤其是未来设备高度智能化后，可能变成人类的羁绊，甚至站在人类的对立面（犹如凯文·凯利在《失控》一书中预测的那样），但是我们在设备智能化这条道路上的前进步伐不会停下来，并且会将其向尽可能广的范围内延伸。比如，不仅仅局限于传统的"有电物品"，既有的"无电物品"，我们还会想尽一切办法让其"有电、联网、智能化"。如果哪个物品不能被进行"有电、联网、智能化"这样的改造，那么我们一定会依靠"人类智慧"创造出一个能够取代它功能的"新物品"。也就是说，联网，或者智能化，是一切物品进入新时代大门的准入证。没有这张准入证，物品一定会被淘汰，只不过是早晚的问题。如果我们人类中的任何一个人、一个机构坚守传统，拒绝争取这张准入证，那么他也会被一并淘汰。当然，你创造的物品获得了这张准入证，或者是你适应了拥有准入证的物品，也不见得就能在新时代中如鱼得水。

不要说我们无法做到让所有品类的物质资料都实现"联网"，以我们当前的技术，即使今天不能完全实现，明天也有可能，最多到后天。如果出现了哪些物品没有联网，并非技术不能实现，而是我们人类不需要它联网，或者还没有发现它联网的价值。所幸，今天的我们，还处于新旧物品交替的初始阶段，距离新时代的大门还有"一公里"远，联网的新物品的总量还远远低于传统的旧物种，所以几乎每个人、每个机构都有机会去争取那张准入证。当然，这也是最残酷、最漫长的"最后一公里"。

第六章
商业模式质变：商品服务化

商品经济向服务经济转变是后工业时代的必然趋势。因而很多商品服务化的模式已经存在，只是在传统的技术条件下，无法让这种模式被大规模复制。物联网的到来，为商品服务化提供了有力的技术支持，使得以服务模式交付商品可以大规模发生，从而促成了商业模式的整体性变革。

互联网的成功，是应用的成功，是商业模式的成功。物联网在过去10年的发展中，因一直没有爆发而被诟病。究其原因，是革命性的商业模式没有普遍发生。随着10年间，云计算、大数据、AI、边缘计算等技术的成熟，以及5G的到来，物联网必将迎来基于商业模式革新的应用爆发。图6-1所示为物联网的商业模式。

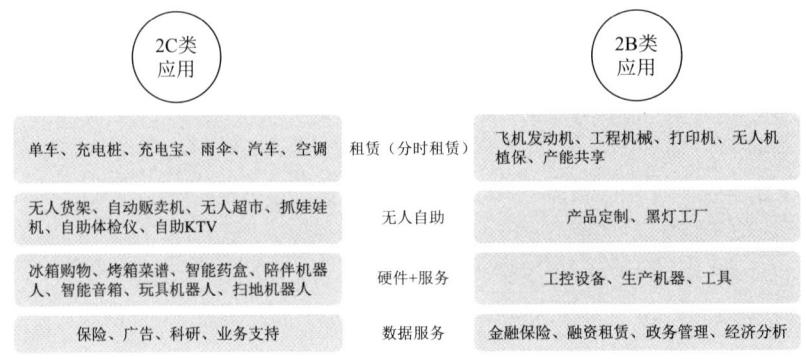

图6-1 物联网的商业模式

从共享单车到黑灯工厂

2016年，一种随意摆放在马路边，用户用手机扫码就可以骑走的自行车——共享单车，开始出现在一些城市的大街小巷。最初是橘红色的摩拜单车，没多久就出现了黄色的ofo。再后来，越来越多的共享单车出现，赤橙黄绿青蓝紫已经不够用了。最早出现的两家共享单车企业摩拜单车和ofo小黄车的估值都超过了百亿元。共享模式就此被带火。

其实，我们对智能硬件的探索早在2010年左右就开始了，2014年后基本上开启了全品类硬件产品的智能化探索。但是对硬件智能化后的商业模式的"认真探索"，是由共享单车启发的。在2016年共享单车爆发之前，企业"创造"的智能硬件还只是延续传统的售卖模式。之后，从业者开始认真思考"硬件智能化后，应该有不同于以往的商业模式"。在单车领域取得全面成功的"共享模式"，一时间成为众多智能硬件产品首选的商业模式。乃至2017年，共享充电宝、共享雨伞、共享充电桩、共享锂电池、共享数据线、共享纸巾、共享按摩椅等应用，出现在了街头巷尾、大小商场，乃至机场车站。"共享是不是物联网主要的商业模式"成了当时热议的话题。

真正的共享在打车类应用出现的早期昙花一现后就再无下文了。也就是说，买方之间的"资产共享"模式，至少在目前的市场环境下还不成熟。当前所谓的共享，其实是卖方的资产共享，说白了就是租赁模式的一种，也就是说，共享的前提是该物品可租赁，并且租赁本身就能产生价值。

围绕人类的生活和生产，滋生出了两大类物质资料：生活资料和生产资料。生活资料，又称消费资料或消费品，是用来满足人们物质和文化生活需要的那部分社会产品。按照满足人们需要的层次划分，生活资料包含有生存资料（如衣、食、住、用方面的基本消费品等）、发展资料（如用于发展体力、智力的体育、文化用品等）、享受资料（如高级营养品、华丽服饰、艺术珍藏品等）。按可使用时间的长短分，有一次或短期使用的普通消费品和可供长期使用的耐用消费品。按消费对象划分可分为两类：一种是实物消费，即以商品形式存在的消费品的消费；另一种是劳务消费，即以劳务形式存在的消费品的消费（服务）。

生产资料，也称作生产手段，是人们在生产过程中所使用的劳动资料和劳动对象的总称，一般可包括土地、厂房、机器设备、工具、原料等。按使用场景的不同，可分为工业生产资料和农业生产资料两大类。

根据《资本论》中对生活资料和生产资料的定义，梳理与其相关的物质资料品类可发现，不是所有物质资料都具备"可租赁""租赁本身产生价值"这两个属性的。比如生活资料中的食品，生产资料中的原料等。不过同时也有大量的物品具备这两个属性，比如生活资料中的住房、电器、汽车、艺术品、一些娱乐、体育器材等，甚至已经有企业进行服饰租赁了。同时，生产资料中的土地、厂房大部分都是以租赁方式进行经营的，机器设备、工具方面也早就有采用租赁模式的惯例，比如飞机发动机、工程机械、农机等。

但是，"能租赁"是否"可共享"，还要基于应用场景而判断。比如洗衣机，具备"能租赁"的属性，如果放在公共场合，比如校园的场景中，就"可共享"；如果放在家庭的场景中，就"不可共享"。另外，在制造业场景中，生产机器或工具的专业性都很强，并且同一类厂商不一定聚集在一起，甚至分布在全国，或者世界各地，所以除非能够产能共享，否则单台机器或者工具很难共享，"工具用完后仍在工厂门口或马路边，等着下一个用户自动取走"是不可能实现的。

在这样的情况下，直接采用租赁模式即可。所以，最近几年"以租代买，按需付费"的模式也逐步成为主流。工业生产中，设备租赁已经不是新鲜话题，现在探索的方向是"产能共享"。在农业生产中，以前的大田种植领域，播种和收割已经采用了租赁模式，或者更确切地说是服务模式，比如收割服务企业会直接派出收割机和驾驶员为农户提供收割服务。当前，随着服务于农业的智能工具设备，如无人机、无人船、无人饲料车等的增多，这种模式也开始渗透到更多的领域，比如无人机植保服务、无人船喂食小龙虾等。

总之，作为物联网时代最流行的商业模式——租赁模式，又可分为一般租赁模式和共享模式两种。一般租赁模式基本适用于大部分耐用品。而共享模式要根据物品的使用场景而定，低阶模式就是单品共享，已有上百种案例；高阶模式是产能共享，刚刚开始探索。

前面讲到，租赁模式能够实现的，除了"可租赁"外，"物品租赁本身要有价值"。有些物品可租赁，但是它的租赁本身却不具备价值，比如马路边的自动贩卖机，扎堆的抓娃娃机，2016年兴起的无人货架、无人零售商店等。沿着这个方向，我们又发现了物联网的另一个商业模式：无人自助。无人自助这种模式，目前最成功的一类应用是在自助售卖领域，比如饮料自助贩卖机在上海这样的城市已经随处可见。此外，还有自助榨汁机、冰激凌机、爆米花机，以及尚未成熟的无人货架、无人零售商店等。还有在轻娱乐领域的应用，比如迷你KTV、自助健身房、自助抓娃娃机、自助彩票机、自助游戏机、自助照片打印机、自助纸模打印机、自助体检仪等。而最高阶的无人自助还是在工业生产领域——"黑灯工厂（机器高度智能化后,工厂的一种生产方式)",现在也还处于概念阶段。

租赁和无人自助两种模式,是物联网最具革命性的商业模式。不过目前主流的商业模式,还是"售卖+服务"模式。这种模式一般有两种表现形式(见图6-2):物品收费+服务免费;物品收费+服务收费。不管哪种形式,服务都是其中必不可少的。比如今天,你买一台冰箱,还能获得一些其他服务,如通过手机端App控制冰箱温度、查看物品数量,甚至通过冰箱采购食材等;你买一台生产机床,通过手机端App,可以实时查看生产进度,提前收到故障预警等;比如涵盖智能硬件品类过万的物联网应用开发平台——机智云的平台上,"售卖+服务"模式的物联网应用占到80%以上。但是无论如何,联网设备是再也回不到单纯的"售卖模式"了。试想,如果你买了一台可以联网的洗衣机,但是厂商却不提供任何服务,那还不如购买一台传统功能机。对于物质资料的提供者来说,一旦其提供的物品联网后,就必须提供相应的服务,至于提供后,用户用不用,是用户自己的选择。比如很多智能设备的App安装量都极低,可能不足10%,但是不能没有。

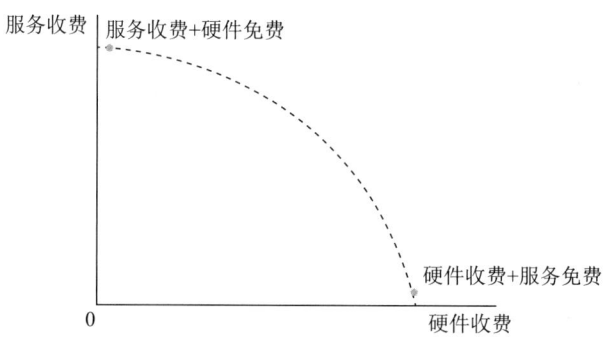

图6-2 物联网商业模式的表现形式

"售卖+服务"模式中的"服务"免费还是收费,与其支持的产品属性密切相关。如果其支持的物品是一次性用品,比如提供食品溯源服务的西红柿,你购买后,可以通过扫描西红柿上的二维码标签,了解每一个西红柿的生长过程:从播种到成苗,从开花到果实成熟总共用了多少天,期间用过什么肥料,打过什么农药,是否真的绿色无公害等。那么,当你把西红柿吃掉后,这个食品溯源服务就结束了。类似的还有医疗耗材、工业耗材等。依附于这一类物品的服务,基本上就只能将价值蕴含在实体物品中了。但是,服务可以帮助提高产品价值。如果其支持的产品是耐用品,那么服务单独收费的机会就高了。比如你购买了一台智能电视,还是要为内容再额外付费的。

除了这三种模式外,还有一种模式,类似"他租／买你用",有点互联网时代"羊毛出在猪身上"的感觉,比如物业在你的楼道口安装门禁、摄像头等。

不管是租赁模式、无人自助模式,还是"售卖＋服务"模式,都表明一个趋势,我们的物品流通方式正在进入一个新的时代:从交付物品到交付服务;从售卖硬件到运营硬件,也就是硬件运营化。物品是什么?是使用价值的载体。服务是什么?是使用价值。当我们需要某种物品时,真正的需求并不是这件物品,而是蕴藏在其中的使用价值。比如我们购买一辆自行车,是为了方便出行,出行服务就是这辆自行车的价值;我们购买一台冰箱是为了物品的储藏和保鲜,那么储藏和保鲜功能就是这台冰箱的使用价值;我们建造一家工厂,购买生产设备,是为了生产某种物质资料,那么生产某种物质资料的功能就是这家工厂及设备的使用价值。

以前,我们为了获得这些使用价值,必须先购买它的载体。今天,已经有很多物品的提供者采取了"将使用价值从物品中分离出来,直接出售"的方式。比如前面提到的各种共享类以及租赁类应用,直接出售使用价值。而无人自助类应用中充当交易或者服务媒介的物品,如自助贩卖机、自助健身房等,则是通过其销售给用户的物品或服务,间接出售了使用价值。采用"硬件售卖＋服务"模式的企业,不管是以"硬件收费＋服务免费"的形式,还是以"硬件收费＋服务收费"的形式,"使用价值和载体"都处于一种半剥离的状态。因此,"硬件运营化"的进程就是"不断将使用价值从其载体中剥离,直接销售的过程。"

"直接出售使用价值"这种商业模式,为什么会在这个时代集中出现?这个问题,要从两个方面来解答:一是物质过剩;二是技术驱动。

物联网助力企业解困,商业模式集中质变

我们必须承认,类似租赁,或者无人自助这种模式,以前并非没有需求,而

是没有被规模化激发。用户需求是可以由卖方引导的。以前之所以没有卖方去引导这样的需求，一是传统买断模式下的市场空间还足够大（买断模式的收益远大于服务模式，而且省去后期持续运维系统的麻烦），二是没有技术作为支撑，或者说技术成本过高，比如如果没有 GPS 定位，共享单车不可能随意摆放在马路边。

今天，在产能普遍过剩的情况下，传统买断模式的弊端开始显现，出现了供大于求的物质资料相对过剩的现象。所谓相对过剩，意思是某种物质资料的供应能力总和超过了购买力总和，而非需求总和。举例来说，中国有 4 亿户家庭，如果按照每户一台冰箱的需求量来算，那么总需求量是 4 亿台。但是其中还有 1 亿户家庭买不起冰箱，那么按照购买力来算，市场规模只有 3 亿台。如果冰箱厂商每年生产的冰箱总量为 4.1 亿台，那就是产能绝对过剩；如果每年生产的冰箱总量超过 3 亿台，不到 4 亿台，那就是相对过剩。因此，今天我们的制造业面临的产能过剩，大部分都是相对过剩。比如 Burberry 焚烧库存，是因为购买力不足，而不是需求不足。汽车销量下滑，也是同样问题。至于生产工具、机器、原材料等生产资料的产能过剩，则是受生活资料的影响。因为生产资料，本身就是为生产生活资料而生的。因此，生活资料产能过剩的问题若能解决，生产资料产能过剩的问题在一定程度上也能解决（见图 6-3）。

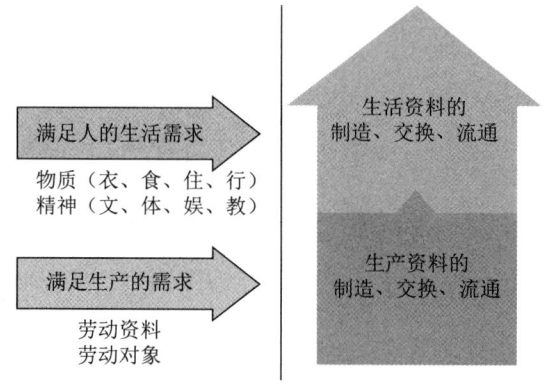

图 6-3　生活资料与生产资料的关系

既然今天我们的物质过剩是因为购买力不足，而非需求不足，同时，全球经济发展进入疲软状态，购买力回升无望，那么就要寻找一种新的方式，降低购买门槛，唤醒那些在传统模式下有需求而无购买力的用户群体，直接出售物品的使用价值就是最完美的方式。并且，很显然，随着这种方式的大规模推广，存量市场也会被吸引过来。同时，还有可能创造出一些新市场，比如共享单车。

共享单车的口号是"解决出行中最后一公里的问题"，就是那些"开车太近，公交一站就会过头，走路又嫌远"的问题。当这个口号传播到用户那里时，大家忽然眼前一亮：这个需求，我有啊！应该说在我们的主流交通工具改变后，这个需求一直都存在，只不过比较隐蔽，以至于连用户自己都没有主动意识到，或者说意识到了但是没有发现有效的解决方法。用户不可能为了解决这个需求去买一辆自行车：每天放一辆自行车到汽车后备箱？每天带一辆自行车挤地铁、公交？携带不方便，放置不方便。总之，就是用户不愿意为"解决最后一公里问题的自行车"买单。但是共享单车完美地解决了这一问题。

实际上，目前比较成功的物联网应用，也都是类似于共享单车这样，以"创造新市场"的姿态而存在的。在消费领域，这些应用大都从解决一些"弱刚需"的问题开始。

共享单车的技术原理其实很简单。与传统单车相比，就是多了一个包含 GPS 模块的车锁，一个远程开锁二维码，以及一个信息处理云平台（材料加固不算）。但是多了这三个"零件"，自行车就变得不简单了。比如有了车锁中的 GPS 模块，自行车就可以实时向云平台上报自己的位置信息；用户扫描二维码后（前提是你是注册用户），App 获取单车 ID（就是身份编号），发送开锁请求给云平台，云平台发送开锁指令给单车；骑行结束后，用户锁车成功的信息也会被上报给云平台，云平台将计费信息和车已锁好的信息发送到用户的 App 上。也就是说，通过 GPS 定位系统、二维码和云平台，共享单车的运营方可以了解到一辆车的位置、运行状态、用户等，并可以进行远程控制。图 6-4 所示为一辆共享单车。

这四个方面恰是"物"联网后的基本特性。有了这四个特性，直接售卖物品的使用价值在技术上就不存在障碍了。比如一家空调厂商，将其空调进行智能化升级后，可以通过定位系统或者网络地址了解空调的所在位置；可以通过内置的传感器了解空调的运行状态以及零部件的状态；可以了解用户信息；甚至可以远程控制空调的开关。在这样的基础之上,该厂商就可以免费(可收取一定押金)为用户安装空调,然后每月按使用时长收费。如果用户不缴费,厂商就可以远程将其空调关掉。唯一需要担心的是,一些破坏者会毁坏空调,就像毁坏共享单车一样。

图 6-4 共享单车

当然,采用这种模式必将增加一部分成本,比如设备端的通信模组、传感器、计算模组等的成本,云端的数据存储成本,以及为了新设备的软硬件开发、平台运维和服务运营而增加的人工成本。同时,也可能因为物品的使用方式和场景的不同,其传统固件的材料和部件也需要改变或升级,而造成成本增加。但是,我们的企业肯定是宁愿想方设法降低成本,而不会选择让商业模式再倒退到传统售卖时代的。

第七章
预售的进阶：从计划生产到计划需求

和商品服务化一样，预售并非一种新的商业模式，只是在多种新型信息技术和应用手段的综合作用下，预售变成一种普遍性的商业模式。同时，预售的表现形式也发生了根本性的变化。传统的预售，是由卖方展示商品，买方提前下单购买，从而卖方实现按需生产，买方可以享受一定的优惠或者获得一定的福利。新型的预售，买方可以提出需求，并自行组织有共同需求的购买者，然后发布需求，有能力满足该需求的卖方可以接单，双方达成交易后，卖方投产。在交易从卖方主导变为买方主导后，整个生产组织方式也将发生改变。

如果说商品服务化的大规模发生是因为物联网"物在线"这一特征的启发，那么预售便是物联网时代所有数据数字化带来的必然结果。与商品服务化一样，预售并非是今天才出现的商业模式。预售的起源已无从查起，但是最近半个世纪，在东亚大陆上被应用到极致的是在房地产领域。据公开资料显示，20世纪五六十年代，某知名商人一改现房销售模式，提出"预售花房"，提倡分期付款，开启了房地产业的预售之路。当然，预售也并非出现在房地产这一个行业，比如很典型的火车票、机票的销售，预售基本是主要方式。实际上，几乎每个行业都有预售的案例在不断上演，但是真正将这种模式推上顶峰，人们开始感觉到"一切可预售"还是2014年众筹兴起以后。虽然当时中国的近百个众筹平台今天已所剩无几，但是这种模式依然在运行。

从亚马逊 Alpha 计划说起

2018年，亚马逊推出了 Alpha 计划，该计划可以理解为一项产品预售服务。被亚马逊选中的产品，可以在其平台上进行一次为期60天的预售。在预售期内，商家只需通过图片、文字等对产品进行描述。期间订单量能够达到一定量级，通常是10000个，商家才需要投入生产。否则就是项目失败，生产者无须投产。当然，项目成功后，商家必须在6个月内发货。同时，被亚马逊选中的产品，还有机会获得其投资。图7-1所示为亚马逊 Alpha 计划。

实际上，这种预售模式和国内电商平台推出的众筹模式相似，当然还有"双十一""6·18"等"电商购物节"期间推出的预售。在中国，几乎所有的电商平台，最近几年都推出了项目众筹服务，其实就是预售。比如淘宝众筹，在介绍页面上是这么描述众筹的：我有一个好点子，可惜没有启动资金，也不知道市场会有多少人购买，如果在备货前就能知道订单数量，还能先获得一部分货款，我就不愁备货压力啦。众筹工具正是基于此场景开发的工具。您可以发布您的新品项目，等待买家认筹，在规定时间内备货发货。当然作为给买家的补偿，您的定价需要低于后续正常售卖价格。京东是这么解释众筹的：众筹译自 crowdfunding，即大众筹资或群众筹资，是一种通过互联网方式向网友募集项目资金的模式。从行业来看，国内的众筹还是一个新兴行业，处在初创阶段。众筹的通俗说法就是，彼此成就梦想，大家筹钱完成一个任务。和预售、团购的区别：预售是 B2C，众筹偏向 C2B，就是出资人先有购买或投资的意愿，筹资人按需组织生产。

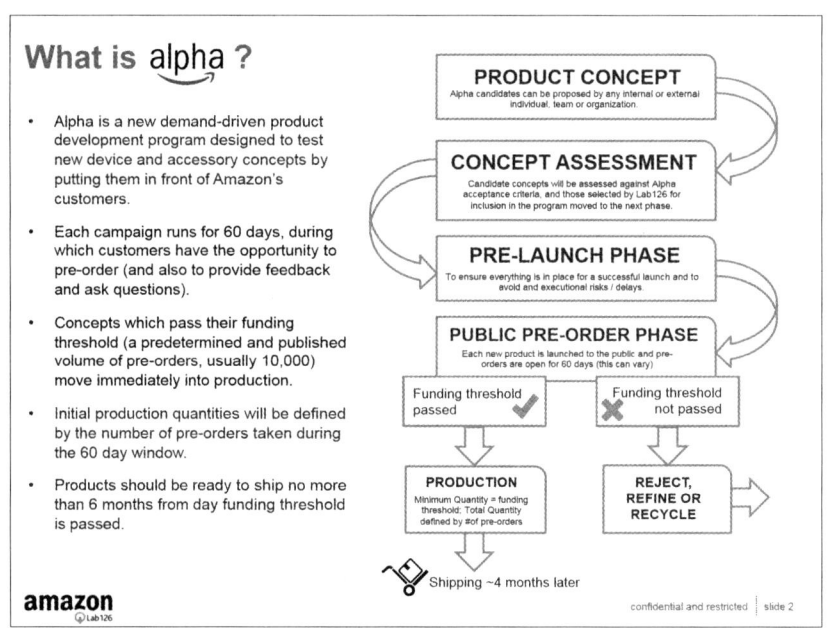

图 7-1　亚马逊 Alpha 计划（截图）

这里就讲到了一个核心关键：传统的预售是产品已经被生产出来，或者已经在生产的过程中，提前进行销售；新型的预售（众筹），是产品尚处于创意阶段，便可以将产品信息披露给潜在用户，甚至用户可以提出产品创意，由生产商接单，按需生产。虽然名义上都为预售，但是本质不同。传统的预售依然是生产引导需求；新型预售则真正地实现了需求引导生产。生产和需求在商业中"主导"地位的切换，将引发的是整个制造业的变革。

然而，新型预售的模式目前很难落地，因为它将影响整个生产组织方式。在当前工业发展水平与市场环境下，生产组织方式还无法大规模按照这种新型销售模式的要求而转变。因此，仅在众筹刚兴起的 2014 年—2015 年，各众筹平台是在向新型预售努力。但今天的众筹，虽然名为"众筹"，实际操作却和传统预售无异，因为大部分放在众筹平台的产品，都是成熟产品，或者是成熟企业推出的新产品。比如京东众筹平台上，截至 2019 年 6 月 20 日正在众筹的 539 个项目中，有将近 30% 都是农产品，或者食品。众筹项目背后的公司 50% 成立 5 年以上，13% 成立 10 年以上。其中一些成立时间不到 3 年的公司，一部分是从事农产品电商的，一部分是专门为企业提供众筹运营服务的，一般都是专业的营销策划类公司，仅靠一个创意向网友们寻求"资金捐赠"支持的项目极少。当然，这不能阻止新型预售将成为未来产品到达用户侧的新路径之一。

当淘宝、京东成为传统电商

拼多多——这家创立 3 年就上市的电商平台，进入大家视线的方式，是以各种低价广告甚至负面新闻的形式。拼多多上市后，一些媒体也对此做过不少"理性分析"，但基本都停留在其如何进行低价引流，如何争夺"五环外"的市场，如何与淘宝、京东竞争等方面，从来没有深入研究过为什么拼多多把自己定义为"新电商"。图 7-2 所示为拼多多首页。

图 7-2　拼多多首页

拼多多对这种言论的回应，从来都是就事论事，云淡风轻，也或许是大部分媒体都没有深挖过拼多多背后的深层逻辑。而这个深层逻辑出现在拼多多创始人黄峥的个人公众号上：

假设我们能让前端消费者多一点耐心及和其他人协调的愿望，放弃一部分所见即所得、现在马上要的冲动，那么我们就有机会利用人和人推荐、人和人之间关系/兴趣的相似点，做人以群分的归并，把每个人个性化的需求归集成有一定时间富裕度的计划性需求。这种需求的归集程度也许没有像沃尔玛这种半年期的批量订单那么大，但也够让工厂一条产线经济地运转。这样我们就有机会把 1 个大的沃尔玛订单拆成 50 个小的批量订单，后端的生产也就可以摆脱对沃尔玛的依赖，改变原有授权产商全量计划生产的模式，进而由几十家有生产能力的厂商，来市场竞争这个按各种不同需求归集的 50 个批量订单。

如果能够这样做，那么流通侧线上高度市场化和生产侧刚性计划的矛盾也就能缓解。取而代之的是，更多计划性的需求和更多市场的供给侧相融合。前后端信息会更全面地打通，消除需求和生产的错配，更是帮助我们传统的生产摆脱对传统类沃尔玛商超的依赖，能在需求的差异化批量归集中找到自身的差异化，实现真正的供给侧变革。从刚性走向柔性，从同质走向有差异、有特色，从滞后的计划走向与需求同步的半市场化。

简言之，就是"由用户提出需求，并通过社交媒体吸引有共同需求的用户，达到供给侧刚刚好可以进行规模化生产的量，生产商接单投产，从而实现需求和供给的完美匹配"。而非像过去以及当前的大部分供需组织方式一样，仅仅是"弱市场化下的计划生产"。

所以从这个角度来看，拼多多不仅一开始跟传统电商们的"立意"不同，而且比传统制造业企业更加高效地在推进着 C2M（Customer-to-Manufacturer，用户到制造）——这个被认为是制造业企业生死决战核心的商业模式。同时，还通过引导需求侧的"计划需求"，无声地影响着供给侧的结构性改革。虽然，这一切目前看起来还比较遥远，但是这种电商平台的组织方式是革命性的。

在前文中，我们提到了物联网时代必然出现的几种商业模式：共享模式（分时租赁）、一般租赁模式、按使用量付费模式、无人自助模式、"物品买断+服务"模式等。在共享模式和无人自助模式中，企业基本上都可以从顶层规划市场，无须获得用户的同意，比如共享单车、共享充电宝、自动贩卖机、自助体检仪等，企业比拼的都是投放量，以及覆盖了多少城市等。当然前提是知道用户对该物品或应用有需求。就像商户入驻商场、临街开商铺一样，依据位置和人流进行选址后，直接开设"店面"，只不过这些新物种的"店面"是无人值守的。

但是，一般租赁模式、按使用量付费模式，还是完全市场需求导向的，就是要和用户确认需求。假设家用冰箱采用了租赁模式，或者按使用量付费模式，企业不能直接搬着冰箱挨家挨户地送，而是要和潜在用户进行需求确认。只有用户确认需要冰箱，企业才能将其搬进用户的家里，否则可能就叫"非法入侵"。以前这个确认的动作是用户付款，卖方向用户提供发票、收据，或签署合同。以后的确认可能就是一份电子确认函，用户选择同意，供需双方就算达成了一致协议，供方就可以将"冰箱"放进用户家里。"物品买断 + 服务"的模式就更不必说了，是必须要确认用户需求的。

那么，重点来了，在确认这个动作之前，供 / 卖方还是需要一些渠道或方式，去触及有需求的用户。传统的方式，不管是通过商场、专营店，还是现在主流的线上销售，都要求卖方必须有现货库存。而通过预售的方式，在商场的店铺，以及供方的专营店里，只放样品，或者试用品即可，若是通过线上预售，则只需将产品或服务描述得足够吸引人即可。也就是说，新型的预售，不是仅限于产品，而是还覆盖到服务。

预售会完全取代传统销售模式吗？

对于供 / 卖方来说，预售是一种极好的模式，可以做到按需生产！如果都采用这种方式，那么 Burberry、亚马逊等就不用烧埋库存了，我们的生态环境也不会受到污染，也不会造成资源浪费。但是，用户需求是具有极大的不确定性的。

比如所有的电商平台都设有明确的退货 / 款规则，不仅面向众筹 / 预售类产品，也面向即时销售类产品。国内两大电商平台淘宝 / 天猫商城和京东商城，都有"7天无理由退货"的服务。用户收到货物后，7 天内不满意，就可以不承担任何责任退货。会有这样的服务，说明用户有需求。

而在众筹平台上，一般规定的退换货日期是商品签收次日起 15 日内，不过不是全部支持无理由退货。比如在京东众筹平台上，对于可进行退换货的规定：商品具有质量问题的；在运输过程中造成损坏以及实物与网上描述不符的；无理由退货（有标注不支持无理由退货的除外）。同时在《京东众筹平台发起人协议》中，也有一条对于项目成功前支持者取消订单的规定：支持者申请取消订单的，应在 24 小时内审核取消申请并向支持者反馈结果。

在淘宝众筹（图 7-3 所示为淘宝众筹首页）上也有明确规定。淘宝众筹要求发起人在项目发货前，若用户申请退款，必须全额退款。在筹款期内：用户申请退款后，在卖家后台点击确认退款，则款项会自动退回到支持者支付宝或银行卡。在筹款结束后发货之前：用户申请退款后，在卖家后台点击确认退款，则款项只有尾款会自动退回到支持者支付宝，剩余订金款项需要卖家将订金手动转入支持者支付宝，留好转账记录或凭证。举例来说，买家买了一款 300 元的回报产品，假设卖家发起项目时审核通过的订金比例为 50%，买家在筹款结束后申请了退款，卖家点击确认退款后，那么 150 元会在 24 小时内自动退回到买家支付宝。卖家需要在确认退款 24 小时内将剩余的 150 元尾款转入发起人支付宝并留言备注：淘宝众筹×××（项目标题）退款尾款。在发货后，买家可在规定时间内申请退款或维权，若是商品质量问题、漏发、错发、发货延期等卖家原因，则要求卖家全额退款，退款流程与前述一致。若因买家责任导致的退款，买家可申请退还尾款。总之，和京东众筹一样，不管交易完成前，还是完成后，平台都设置了一个退换货期限。与此同时，众筹成功后，卖家只能获得部分款项，剩余款项只有在买家确认收货后才能获得。

图 7-3　淘宝众筹首页

类似退换货这种规则，作为商品销售及预售的售后服务中一项重要规则而存在，说明商品交易存在一定的不确定性。有时候用户的消费行为属于"冲动消费"，比如卖方把物品放出来展示，买方在看到实物的那一刻，产生了非常强烈的购买欲望。如果这时候，卖家告诉用户这个商品 2 个月后才能上市，用户现在可以付款预定，那么买方的购买欲望可能就会大打折扣，这使得预售没有办法让生产者达到完全精准的"按需生产"。大部分生产资料的存在是为了服务生活资料的生产制造，当生活资料无法做到按需生产，那么生产资料就更不可能做到了。因此，未来预售可能会成为产品交易环节中一个重要的模式，但是它无法完全取代即时销售的模式。

不可否认的是，预售将成为未来物品流通交易环节一种极其重要的方式。同时，类似于亚马逊、阿里巴巴、京东等推出的预售模式却不具备更大的前瞻性。所以，在电商、网购行业早已是红海的时候，横空出世的拼多多似乎更具革命性。

第八章
物联网产业结构下的企业结构重塑

物联网时代将出现新的产业格局：技术方案商、设备商和服务运营商。在新产业格局下，企业因战略选择不同，发展定位不同，在团队构成、经营理念、供应链结构、合作资源等方面都要进行大规模调整，甚至面对某些选择或者定位，企业结构的重构将是革命性的。

从通信技术出现到互联网时代，信息科技在人们的生活生产中的作用越来越重要，但是在整个产业格局中一直处于辅助和从属的地位，只有在电信和互联网两大行业中处于主导地位。物联网到来后，信息科技将在各行各业占据主导地位。那么，这是否预示着现有的产业结构和企业结构将被重塑？联动原素通过对几百家企业的深度了解，发现答案几乎是不言而喻的。

物联网时代的产业结构

早在 2012 年，联动原素就提出了对物联网产业结构的假想（见图 8-1）：物联网未来会出现像电信行业的产业格局，即会出现终端设备商，如苹果、三星等，技术方案商如华为、中兴、贝尔等，服务运营商如联通、电信、移动等。

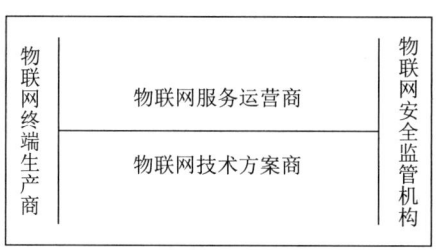

图 8-1 2014 年物联网产业基本结构

到 2014 年，由于智能硬件的爆发，这一假想基本成为事实，因为物联网终端设备商、技术方案商和服务运营商的格局已经初现端倪。只不过物联网的终端设备商大多不像电信行业的设备商，有足够大的话语权，因为除了个别产品，如智能汽车等，单体物联网终端设备的数量或价值都不够大。因此，纯粹的智能设备商很容易沦落为代工厂。同时，物联网的安全监管一定是靠政府，因为这项重任必须由最具公信力的机构来承担，2019 年各级政府设立大数据局或许是开始。

时至2016年，这一格局已经非常明显，联动原素也首次对外发布了物联网产业发展路线（见图8-2）。

运营商	消费级应用		城市服务级应用		农业级应用		工业级应用
	社群	资讯	智慧停车	远程教育	水产养殖	安全追溯	制造业
	购物	娱乐	能源管理	远程医疗	畜牧养殖	农机管理	
	生活服务		绿波交通	服务机器人	作物种植	农业电商	
设备商	消费级终端		消费级应用		应用开发平台及整体解决方案		方案商
	家居设备		重工机械	自动化设备	消费级应用	城市服务级应用	
	穿戴式设备		环保设备	制造业	工业级应用	农业级应用	
	教育设备						
	嵌入式操作系统				PaaS平台		
支撑技术	传感技术		通信技术		计算机技术		
	家居设备		Wi-Fi	ZigBee	云计算	大数据	
	穿戴式设备		蜂窝网络	蓝牙	人工智能	区块链	
	教育设备		PLC	LPWAN			

图8-2 物联网产业发展路线

当时，在这一产业格局下，不同领域都出现了相应的企业，其中以消费领域最为明显。

原因也很简单，城市服务和农业两大领域，主要由政府主导，商业模式创新相对保守；工业领域，由于当时工业互联网、工业4.0的概念刚刚开始兴起，所以这几个领域的发展相对缓慢。消费领域市场化程度相对较高，所以在短短两年的时间，不仅探索出了切实可行的新型商业模式，而且形成了产业格局新形态。因而，此后的物联网产业发展中，这种格局和模式开始被引入到各个领域，进行实践探索。图8-3所示为消费物联网领域形成的明显格局。

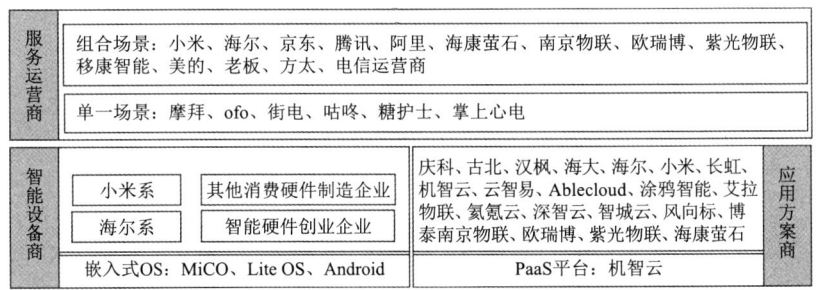

设备商出现明显派系；方案商也出现清晰格局；服务运营商呈现两大模式

图8-3 消费物联网领域形成的明显格局

新型产业结构下的企业发展机遇

基于整体产业结构发生的改变，企业在发展中也要进行重新定位。如果是一家完全的创业企业，那么进入任何一个板块的抉择都非常简单，只需根据其团队优势进行定位即可。团队强在运营能力，那么就做服务运营商，像摩拜单车一样；团队技术能力强，就可以选择作为技术方案商。

在大的产业变革中，难的是传统企业转型，尤其是面向物联网的转型。有些转型甚至可以说是二次创业，因为每一个选择都有可能决定生死，就像传统自行车企业面临共享单车的冲击时"该何去何从"的抉择一样，每一个传统企业都可能会遇到。不过庆幸的是，共享单车已经警醒了很多行业的传统企业，使它们有了相对充足的时间去进行抉择，同时也为他们指明了路径，图8-4所示为传统企业转型的路径。

传统企业（非物联网概念）可以通过技术创新、商业模式创新等方式寻找自己在物联网时代的新机遇。

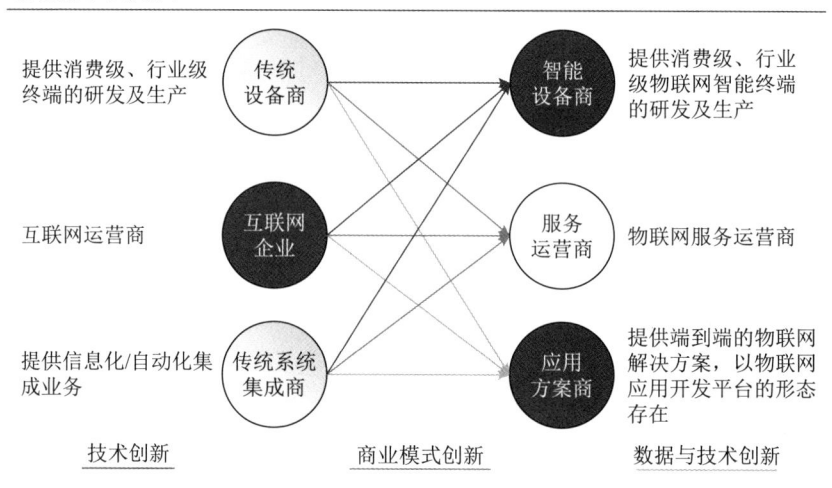

图 8-4 传统企业转型的路径

总体来讲，单纯成为物联网设备商需要的创新相对小一些，因为物联网设备商最核心的能力还是生产制造，而这种能力，其他企业短时间内是很难形成的。比如在智能手机领域，即使已经成为国际巨头的华为、小米、苹果等，也都是通过代工厂生产产品，而不是自己建造工厂。但是大部分传统设备制造商都不想成为单纯的物联网设备商，因为当大家都面临同等机遇的时候，"我比你还有先天优势（生产制造能力）"，那我为何不去寻找更大的发展空间？所以很多企业也会向新的领域拓展。比如全球家电巨头海尔，将自己的传统功能型家电设备向智能化升级的同时，开始向消费类物联网终端开发平台以及消费物联网运营服务方向发展。所以传统设备商升级为物联网设备商后，还有3个基本发展层级（见图8-5）。

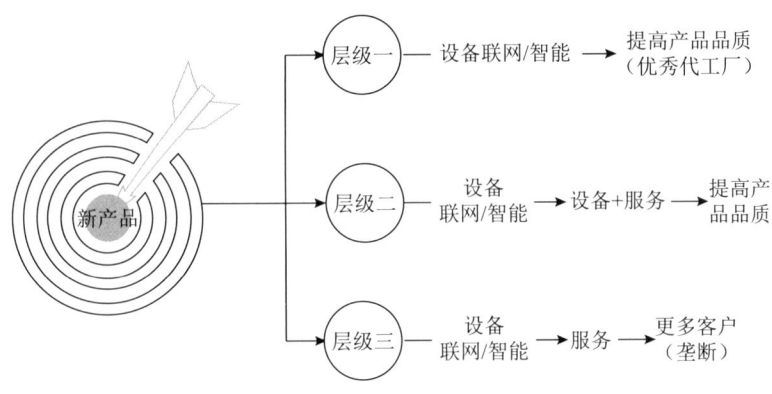

图 8-5 物联网设备商的 3 个层级

第一层级的物联网设备商只需要负责设备生产制造，但是在设计生产的过程中，要以运营商最终提供给用户的需求为导向，以技术方案商提出的要求为标准。

第二层级的物联网设备商就具备一定的运营属性了，但是其商业模式还不完全是以服务为导向，这是目前最多企业选择的模式：卖设备，赠送服务。

第三层级的物联网设备商已经不再销售设备，而是全部采用服务收费的模式，比如按需收费，或者按照使用的时长和频率收费等。目前采用这种模式的创业企业居多，传统企业鲜有尝试。

目前，外界提到物联网企业，一般是指物联网技术方案商。一方面，是因为大多数人对物联网的理解不够深刻；另一方面，是因为物联网技术方案商确实是当前物联网产业最大的从业群体。其中一部分为新产品提供联网、互联或智能化解决方案，另一部分为存量硬件设备提供联网、互联或智能化解决方案，具体见

图8-6。

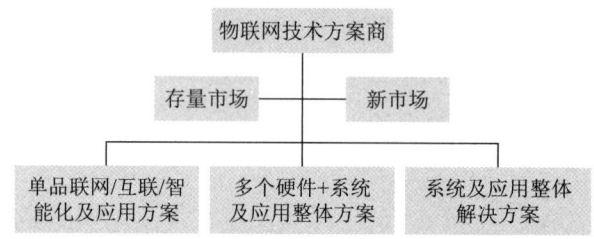

图8-6 物联网技术方案商的路径

纵观物联网技术方案商在整个物联网产业链中的作用，其基本解决3类问题：为单品的联网、互联、智能化以及应用系统，提供软硬件整体解决方案；针对某个场景中的多个单品，提供联网、互联、智能化以及应用系统，提供软硬件整体解决方案；针对硬件已经具备联网或数据输出功能的应用场景，提供系统及应用整体解决方案。

实际上，物联网技术方案商的结构也并没有这么简单，还分为多个层级，并拥有一条自己的小产业链，见图8-7。

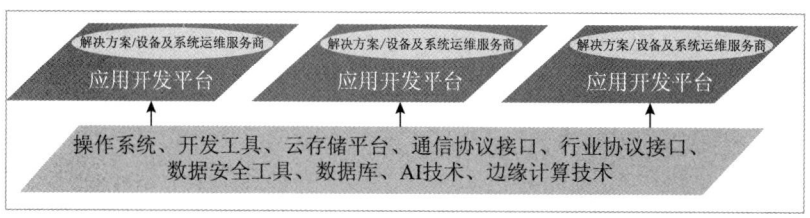

图8-7 物联网技术方案商的小产业链

在这条产业链中，每一个环节都有一家或者多家企业在从事相关业务，真正到应用开发平台或者解决方案的层级，更像系统集成，就是整合多种软硬件技术去服务某一个具体应用。其中应用开发平台更多的是专注于某一类共性应用，用SaaS的方式提供给多个行业的不同客户。而解决方案商，更偏向于定制化，即针对一个客户的物联网需求，进行垂直深耕。

随着整个产业物联网化程度的加深，一部分物联网技术方案商将发展为物联网设备与技术运维服务商。一方面，物品联网后最大的一个应用即是对物品本身的精细化监管，并且大部分物品都是耐用品，原本推出新产品的频率就不高，增加了精细化管理后，设备的生命周期会被延长，频率只会更低；另一方面，随着商品服务化运营模式的不断普及，设备更新换代的频率将进一步降低。同时，目前很多行业本来就出现了市场饱和，对新产品的需求并没有那么旺盛。因此，当物联网终端达到一定比例的时候，物联网技术方案商退居为物联网设备及系统运维服务商是必然发展路径。

物联网的服务运营商，应该是未来物联网产业中最重要并且是最庞大的一个群体。因为他们是直面最终用户的，透过他们，商品才得以以服务的方式提供给用户。预测未来各环节的物联网企业比例应该是图 8-8 所示这样的。

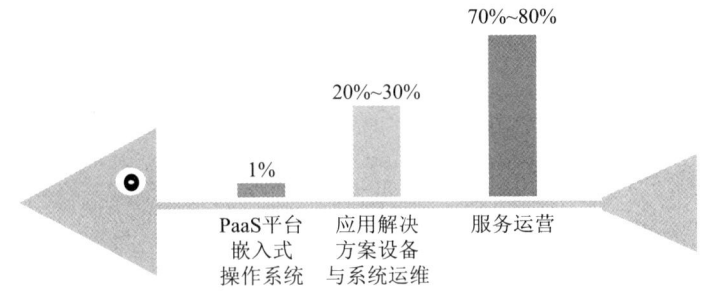

图 8-8　未来的物联网企业市场格局

不过目前，物联网服务运营才刚刚开始萌芽，具体的模式依然在探索中，即便被业界认为截至目前最成功的共享单车，也还没有到高枕无忧的阶段。但是，随着这方面的探索越来越多，新的模式也会不断涌现，届时距离物联网"发展起来"也就不远了。

信息技术主导产业后，企业结构将被重塑

在"互联网+"概念被提出后，业界关于到底应该是"互联网+"，还是"+互联网"，曾经争论了很久。从根本上来看，争的并不是概念，而是信息技术手段和传统主业在企业组织结构中的"主导地位"。

今天看来，这些争论其实毫无意义，因为信息技术主导整个产业，甚至不只是产业，已是必然趋势。首先，物联网时代，物理世界将在数字世界实现全映射，数字世界可以模拟物理世界的运行状态，并可通过大数据推演物理世界大小事件的

发展态势，从而对物理世界的运行、发展进行赋能或干预（物品可被远程控制）。这个大趋势在社会发展的不同层面都有不同的体现，比如可以体现为对自然灾害的预测，从而提前进行防御；可以体现为对用户需求的精准预测，从而指导工厂按需生产；可以体现为对某个设备故障的预知，从而提前提供运维服务等。这其中每一个"数字世界赋能物理世界"的具体体现，都是为了满足相应群体的需求。或者可以说，我们要解决某些具体的"精细化管理""精细化服务"问题，就一定会造成数字世界主导物理世界这样的结果。如果说这个数字世界相当于人类的大脑，那么每个机构，或者说每个场景，都需要这样一个大脑，如图 8-9 所示。

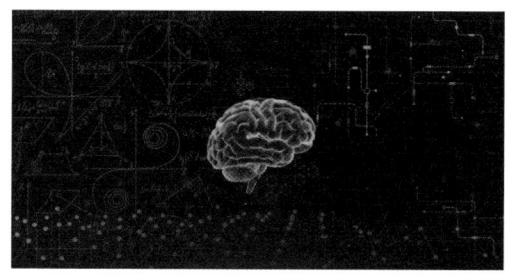

图 8-9　每个机构都需要一个数据大脑

在这样的前提下，企业一定会被重构。企业的存在，本就是为了满足生活或者生产所需。当我们的物质资料已经丰富到饱和，甚至过剩的情况下，企业改变业务方向和模式就是必然选择。而今天，想要通过改变业务方向，比如寻找一个不拥挤的赛道，去博取经济增长，几乎是不可能的。因为，除了一些垄断性行业，几乎所有领域都已经是红海。因此，企业想要在用户需求日益衰退的情况下，仍然保持收益增长，甚至只是保持存活，就只能靠优化既有产品或服务。

信息科技恰好提供了这样一种优化的技术手段。比如互联网时代，在同等竞争条件下，同时选择线上＋线下渠道销售的企业，就比纯粹走线下销售渠道的企业更有优势。到了物联网时代，在所有的设备都联网的情况下，3 年不掉线的设备，一定比 10 天掉线一次的设备用户体验好；能够进行故障预警，并且提前进行维修或故障排除的应用，一定比用户发现故障报修，供方才进行维修的体验要好。但是，实现设备 3 年不掉线、能够进行预测性维护，企业是要付出相应的"代价"的。

一位来自世界 500 强制造业企业创新部门的高管曾透露，其所在的公司也开始开发联网设备后，一开始觉得比较简单，"不就是增加一个 Wi-Fi 模组吗（大部分设备本身已有传感器），也就人民币 10 元左右"。其公司的产品零售价从数百到几万不等，所以增加一个 Wi-Fi 模组并没有增加多少成本。但是考虑到联网设备进入市场后，可能有大量数据传回，该公司建设了一个私有云平台，同时购买了公有云做备份。为了保障良好的用户体验，保证手机端 App 不出 bug（缺陷），并且满足功能的不断升级，以及对传回的数据进行分析，用于提升客户端服务和指导生产，该公司组建了一个包含技术开发、服务运营在内的 300 人左右的新团队。最后发现单个产品的成本增加了 20%。而当这 20% 的成本被增加到零售价上时，发现用户并不愿意为此买单。经营两三年后，公司发现客户端的用户活跃度还不到 10%。他表示，"这是行业普遍现象，物联网化没有大家想象的那么简单，不是技术的问题，而是它引发的整个企业组织结构的改变，没有经验可以借鉴，一般企业还没有做好准备去迎接"。

其实在这个案例中，就出现了企业为了进行物联网化升级，企业组织结构改变的状况。不过该企业组织结构的改变，存在着一个非常重大的问题，而这个问题的根源在于这家企业还没有在物联网时代的新产业格局中，找好自己的定位。企业对自己的定位不同，所需要的能力也不一样（如图 8-10 所示）。

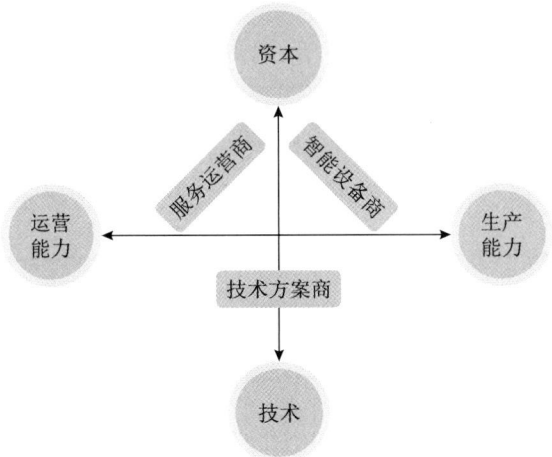

图 8-10　企业找准定位需要的能力

如果企业定位自己为纯粹的物联网设备提供商，比如代工厂，那么其实它无须投入很多进行新设备、新应用的全面探索。当然，它必须进行联网设备的探索性研究，以便有一天与该设备相关的物联网服务运营商需要代工，它能够脱颖而出。

如果企业定位自己是物联网服务运营商，那么它完全可以将设备的技术开发委托给第三方，即专业的物联网技术方案商，而自己需要组建的是拥有物联网思维的运营团队。

如果企业想要成为物联网技术方案商，虽然难度比较大，但也不是完全不可能，因为IT技术在今天不那么难解决了，并且经过互联网行业20年的洗礼，中国的IT技术人才已经达到了盈余的状况。更甚者，他们可以收购一个团队。

可是，目前出现的却是最可怕的状况，就是一家企业又想保持自己在硬件产品领域的领先性，又想进行物联网应用服务运营，又想成为物联网技术方案商，打造自己的生态。当然，如果一家企业，在每一条线路上，都能够战略清晰，并且都能够找到合适的团队，那么，企业选择多条线路就比单一线路胜算更大一些。但是，风险和机遇是并存的。

不管怎么说，在信息技术开始主导社会发展后，企业作为必不可少的社会单元，组织结构必然发生改变。具体到将如何改变，就取决于企业自身的战略定位了。

第九章
机器将被纳入人员管理体系中

随着越来越多的功能设备联网、智能化，我们对机器的管理不再是通过人，而是对其进行直接管理，并将其纳入既有的人员管理体系中，同时，我们还能够通过对机器的管理补充既有的人员管理"漏洞"，优化对人的管理。也就是说，未来我们的管理体系将以"人机双中心"的方式重构。

精细化管理是最近20年间企业甚至城市管理的核心理念。精细化管理强调的是将管理工作做精、做细，核心是一切管理指标都可以用数据进行衡量。浅层次的目标是帮助企业杜绝浪费，进行细节管理、量化控制等；深层次的目标是实现企业的文化改造和习性改造，"是要撼动企业人的管理观"，某位资深精细化管理咨询服务专家曾如此描述精细化管理。由此可以发现，精细化管理的核心是"实现对人的细致入微的管理"。

物联网到来后，"管人"这种单一管理模式开始改变。因为机器开始越来越多地被直接管理，甚至被纳入既有的人员管理体系中，使得管理在不经意间变得"更加精细"。

机器开始被直接管理

对风机进行远程监控是中能远景信息技术（北京）有限公司的业务之一。在这项业务中，中能远景主要通过物联网手段，帮助风机生产厂商或风力发电厂对其风机进行远程监控、故障预测，以及一些远程运维。"一般的风厂都建在比较偏远的地区，比如荒无人烟的高原上、山脊上、海边等，要实时对风机进行故障检测，就要派人常驻在发电场附近，"中能远景的一位负责人曾表示，"但是很难留住人，那荒无人烟的地方，一个人一待三五年，谁受得了？三五个月都很难。""现在通过物联网的手段，风机厂或者风力发电厂的相关人员，可以在手机端实时地了解到设备的运行信息，有些小故障甚至可以远程解决，遇到一些大故障，再派工程师过去现场维修即可。一方面解决了人员紧缺的问题，另一方面也降低了成本，同时，管理还更加透明化。"

这便是通过信息技术手段直接管理机器的一个典型案例。类似这样的案例，每天都在新增，并且已经发生在各行各业：通过物联网手段监管运输车辆的行驶轨迹和驾驶员操作规范；通过物联网手段监管生产线的运转情况，提高生产效率；通过物联网手段实时监测空调的运行情况及周边的空气环境，从而为用户提供更贴心的服务；通过物联网手段实时监测城市的地下管廊，对故障进行提前预警等。

以前，我们是通过人来管理机器。今天，我们可以直接对设备进行管理，因为物联网让机器可以张口说话，竖耳听话，可以执行指令，甚至可以"独立思考和决策"。以前的精细化管理，是通过不断将人变得"机械化"，从而实现管理的标准化，最终达到精细化。而基于物联网的精细化管理，是将机器不断变得"拟人化"，补充人的不足，或者取代一些低附加值的人工工作，对其实现直接管理。

通过机器优化对人的管理

在企业乃至社会管理中，大部分管理者都希望被管理者能够像一台台"聪明的机器"，所以我们发明了很多管理软件，比如办公管理系统OA（Office Automation）、客户关系管理系统CRM（Customer Relationship Management）、供应链管理系统ERP（Enterprise Resource Planning）等。管理者名义上是管工作流程，核心是管人。但是，人毕竟不是机器，他有思想、有意识，有极强的自主能动性，所以任何针对人的管理办法均有"漏洞"，毕竟"上有政策，下有对策"。但是，有了物联网，这一漏洞就会被补上。

比如专注于"温度物联网"的上海米尺网络技术有限公司，其客户基本都是餐饮业巨头。他们一般需要管理三类温度：食物保鲜、冷藏柜的温度，涉及食品安全问题；厨具设备的温度，涉及安防、消防的问题；餐厅的整体温度，涉及顾客的用餐体验问题。正如米尺创始人裘勇刚所说，其实他们管理的不是温度，而是以温度为衡量标准的设备管理，乃至整个企业的运营管理。"比如遇到突然停电的情况，冰柜断电。如果是晚上，以前工作人员不在现场，就只能任由食品变质，"裘勇刚举例说，"现在这个问题就很好地解决了，如果这台冰柜处于离线状态超过5分钟，那么基于我们Ankaa平台为他们开发的客户端就会给相关负责人发送告警，如果再过5分钟，还没有人响应，平台就会给其上一级管理人员发送告警，一直到有人响应并进行处理为止。"

以前在没有物联网这种手段的情况下，发生问题后，可能就是相互推卸责任，或者干脆就是所有相关人员集体担责。现在借助物联网手段，就可以很清楚地知道问题到底出在哪一环节，并且某一环节出现问题，并不影响其他环节接收信息，并及时处理问题。"你说这是不是绣花针式的精细化管理？"裘勇刚曾笑言。

类似这样的应用还有很多，并且也已经发生在各种场景中。比如将智能血糖仪、血压计、心电仪等健康检测设备的日常检测结果，纳入医保控费、保险赔付等管理中；通过监测汽车的油耗、设备磨损情况，监督司机规范化驾驶等。当然，有些应用的拟定场景就是"为管人服务"的，而在大部分物联网应用场景中，会像米尺服务的餐饮企业一样，本意是管理机器，却"不经意间优化了对人的管理"。

机器将获得和人同等的地位

虽然2016年人工智能的那一次爆发，让很多人都萌生了未来机器将取代人的恐惧。但是，这必定不是人类希望"机器变得更聪明"的初衷，甚至可以说，人类在"让机器变得更聪明"的整个进程中，从来都没有想过让机器有一天和人处于同等地位。毕竟，人类发明机器，是为了让它服务于人，而不是凌驾于人。

机器是否会凌驾于人，目前下任何定论，都还言之过早。但是，机器将逐步取得和人同等的地位正在发生。当然不是说它会取得一张和人有同等效力的身份证，而是说它的能力在不断和人趋同，它的可信度也在不断向人趋同，甚至还能超越人。

如果有一天，独立"劳动"的机器能够取代50%的人工劳动，人类便再也不能忽视机器的存在，或者说不能仅仅把它视作"人类的附属品"。这不是人类努力的目标，而是人类为了满足自己的需求，不断努力的结果。而这个结果正在向我们逐步靠近。

第十章
劳动力：从技工到科技工

每一次大的产业变革发生之后，劳动力需求都将随之发生改变。比如中国改革开放后，工业比重不断上升，劳动力便大规模地从农业向工业流动。最近10年，随着服务业的日渐繁荣，劳动力又开始大规模地流向服务业。物联网时代，随着机器能力的不断增强，人与机器之间将从"从属关系"发展为"协同关系"，这就使得人类劳动力不仅面临着结构性变革，而且要求人类劳动力的能力从以前的技能型，升级为科技型。

随着物联网时代的到来，人类社会迎来第四次工业革命。此前的每一次工业革命，机器的能力都会进一步提升，从而引发大规模的劳动力置换。这一次，在物联网、人工智能等技术的推动下，机器能力的提升将达到前所未有的高度，不仅会引发对既有劳动力需求的丧失，而且创造的新工作岗位也将大幅缩减。这才是一次对个人，对企业，乃至对政府最严峻的考验。

无人机带来的农民解放

兴普智能——一家专门为果树提供无人机撒农药服务的创业公司，成立于2016年9月。据其联合创始人之一的方永成介绍，早在公司成立前的两年，其核心团队针对果农的需求就进行了深入的调研，最终研制出当时国内唯一有效的果树飞防植保无人机。2017年3月开始进行实地测试，截至2018年年底，已作业包括石门蜜橘、桂林沙糖橘在内的5000亩果树种植基地。2019年，在国内主要果树种植区已开设4家门店，配备植保无人机20架，培养专业"飞手"40人。当然这些不是最重要的，重要的是其所到之处，无不受到当地果农的欢迎。而受欢迎的原因，可以归结为两个方面。

一方面，是无人机撒农药的作业效率和效果远远高于人工以及传统的机械作业方式。据方永成介绍，传统的人工植保，每棵果树要喷施70毫升农药，通过为果树"洗澡"方式来防治害虫，至少60%的药水流入土壤，杀虫率在80%以下。不仅效率低下，浪费农药，还会造成环境污染、土壤板结等问题，并且杀虫效果一般。

而采用兴普智能的飞防植保方案，每棵果树使用40毫升农药，至少可节省40%的农药用量，通过下旋风场灌入果树丛中，充分雾化的颗粒基本吸附在叶面上，杀虫率可超过95%。同时，每亩只需3千克的用水大大降低了农业生产用水量，不到传统作业方式的1%。而且，药液通过雾滴吸附在果树叶面，不会出现传统作业方式回流到地面流入土壤的情况，可以减轻土壤板结和土地污染，大幅度改善种植区生态。

除此之外，传统机械需要机耕道，但大多数果园不具备作业环境，预留机耕道降低了土地利用率，增加了种植户的成本。借助无人机在空中作业，对地形、果树种植密度等方面的要求降低，能够极大地提升土地利用率。全程喷洒采用GPS高精度定位，加上先进的算法，可以根据果树不同区域的病虫害情况智能改变喷洒方案，做到精准防控，这些传统的喷洒设备和喷洒方式无法做到。并且，作业人员无须进入喷洒作业区，有效隔绝了农药对人体的伤害。

另一方面，是兴普采用的商业模式，直接为农户提供了作业场所测绘、病虫害检测、农药购买，以及通过精准的数据分析，完成农药配比、喷洒等整套服务。这大大减少了农户的工作量。传统的喷洒方式，农户需要自己购买农药、自己购买喷洒设备、自己调配药水。而在兴普智能提供的方案中，农户需要做的就是"监督"，以及帮助作业人员寻找水源、带路、进行安全警戒等"举手之劳"。

这种方式极大地降低了成本：省去了人工、减少了用药。人工作业方式，每人每日可以喷洒3～5亩，每人每日平均工资100～150元，原则上成本并不高，但现在是根本"找不到"劳力。比起人力，对农户来说，更大的实惠在于农药成本的减少。采用人工喷洒的方式，农药的成本在150～180元/亩。按照50亩地的果园计算，喷洒一次农药需要9000～11000元（包含人工成本和农药成本）。一般果树在一个生长周期内需要喷洒10～15次，那么总成本需要10万～15万元。采用无人机喷洒农药，完成一亩地的作业用2.5分钟，一台无人机一天就可以完成50亩果园作业，每亩地的综合成本160元（包含进口农药），单次总成本8000元，果树一个生长周期内的总成本可以降低至8万～12万元。此外，兴普智能还与北部湾保险推出了一份果树飞防质量服务保险，如发生药害，保险公司会进行赔付。

这种新型的高科技农业服务方式，还在不经意间改变了农村的劳动力结构。随着大量劳动力进城务工，农村劳动力空心化的现象非常严重。公开资料显示，

2003年，中国有1.3亿农民外出务工；截至2017年，中国农民工总规模已达2.87亿人。虽然近几年增长放缓，但是农民工总人数依然在增加。尤其18～35岁的青壮劳动力大量外出、留居城镇，已经引发了农村劳动力素质的明显下降，职业农民锐减导致农村土地资源开发乏力。大专、本科及以上学历人才难以留居本地。据公开报道称，成都当地一家现代化种业生产企业，在大邑县三岔镇流转了大面积土地，进行杂交水稻制种生产研发，但长期缺乏青壮劳动力成为一个让经营者头疼的难题。"用工很难找。"该企业负责人曾表示，随着青壮年劳力的外出打工，村里剩余劳力几乎全是妇女和老人，根本无法适应大劳动量，尤其到七八月份，"每天的劳动力缺口已经达到数百人"。这还是企业化运作的大型农企，至少还可以在更大范围内调配劳动力。而很多原本自给自足的农业家庭，当没有劳动力的时候，土地就只能荒废。

为了解决这个问题，2015年，财政部和农业部还对2004年开始实施的农业"三项补贴政策"（农作物良种补贴、种粮农民直接补贴和农资综合补贴）进行了调整和完善。核心宗旨就是加大补贴力度。但是这也很难从根本上解决农业人口流失的问题。"活太累、不挣钱、不体面"，这些看起来很简单的理由，却是背后的主要原因。

"无人机的操作手们都是年轻人，并且大部分都是无人机专业毕业。"所以无人机带来的不仅是农业生产力的提高，而且是青壮劳动力的回归。除了兴普智能，还出现了重庆飞狐航空这样的专业无人机植保公司，几乎所有无人机操作员都是"90后"。类似这样的状况还发生在畜牧业、养殖业等领域。比如，2016年，曾先后任无锡物联网产业研究院院长助理、副院长的中科院博士沈杰，组织团队，回到家乡湖州，构建物联网养鱼服务平台，帮助渔民用信息技术手段养鱼，还被称为"博士渔夫"。同样的还有"龙游飞鸡"团队，两位"85后"创始人在城市打拼并取得一定经济积累后，借助互联网和物联网的手段，将龙游"会飞的鸡"打造成一个品牌，并推广到全国各地。毋庸置疑，信息科技正在改变着劳动力结构。

这是一次劳动力结构的整体变革

由于长久以来，农业的信息化水平相对较低，生产力相对落后，所以这一次由新一代信息技术引发的劳动力置换，就显得格外突出。事实上，劳动力的置换并非只发生在农业，而是一次波及全产业的劳动力结构变革。

2019年7月，日本汽车制造巨头之一的日产在其公告中表示，未来的几年间，将裁员1.25万人。其实，整个汽车制造业裁员、停产的大潮早已开始。比如2018年铃木汽车退出中国，致使与长安汽车的合资工厂被迫停产；美国福特公司裁员2万人，通用集团关闭5家工厂等。据不完全统计，进入2019年后，全球车辆与零部件企业裁员超过16起。

2019年6月，国际电子电气巨头西门子宣布裁员2700人，并发布了一项到2023年裁员1万人的计划。实际上这并非西门子第一次裁员，早在2015年西门子就曾裁员7800人，此后又于2017年裁员7900人。另一电气巨头通用也不例外，在2017年曾裁员1.2万人。2018年，全世界最大的代工厂富士康也频频传出数十万人的裁员消息，不过一直被"辟谣"。

其实在裁员的并非只有传统大型制造业，新型信息科技公司也不例外。2019年5月，数据库领军企业甲骨文公司，裁员900人；联想裁员500人。同年6月，IBM裁员1700人。同年8月，全球通信技术和设备巨头思科裁员300人左右。据公开资料显示，2011年7月，思科一次性裁员6500人。2014年8月，思科宣布裁员6000人。2017年9月，思科宣布在加州圣何塞总部裁员约310人。2018年11月，有消息称，思科客户体验部门已裁掉了200~300个岗位，另外，跨越印度班加罗尔和美国的另一个部门裁员多达10%。此外，还有中国层面的智能手机小黑马魅族，被传将在2019年裁员30%，这也不是其首次裁员，据称，2016年魅族裁员5%，2017年裁员比例超过30%，魅族员工总人数不到4000人；2018年6月15日，魅族裁员610人，魅族同年裁员比例约为25%。

如果你认为裁员这种事情，只会发生在制造业或者变换太快的科技行业，那么你又错了。就连处于经济链顶端的银行业也在2019年加入了裁员大军。

先是 2019 年 7 月 7 日，德意志银行在全球裁员 1.8 万人，此后，意大利裕信银行、法国兴业银行、英国最大的银行之一巴克莱在内的欧洲大型银行都纷纷宣布裁员。2019 年 8 月，全球知名金融集团汇丰银行宣布在全球范围内裁员 5000 人。

与此同时，有数据显示，从 2019 年 1 月到 2019 年 6 月底，美国科技（包括电信在内）与媒体行业的裁员总数为 35284 人，而上一年同期仅为 14315 人。其中，媒体行业在 2008—2018 年这十年中，新闻相关的工作岗位减少了 25%。

也就是说，自 2008 年以来，各行各业裁员不断，而到最近几年，裁员更是成为家常便饭。

如果说裁员只是发生在个别企业，那么只能说明其经营不善。但是当它变成一种现象，就不得不去考量其中的深层次原因了。第一次和第二次工业革命期间，都出现过大规模的失业潮。而这一次不同的是，一边是传统企业在裁员，一边是新兴企业在打造"无人化"应用。比如前文提到的无人机，乃至无人商店、无人工厂等应用不断涌现。这一切的背后是被称为第四次工业革命基础的信息技术推动力。

一方面，随着电子信息技术在各行各业的应用不断深入，使得机器的生产力不断提高，人工劳动力必然被大量淘汰。同时，信息科技的加持，带来了大规模的产业结构调整。比如传统电视机厂商被智能电视机厂商挤压市场；高端汽车因采用智能化产线降低了生产成本，从而下调零售价格，挤压了低端汽车市场等。在这样的情况下，一些企业可能面临的是直接倒闭，因此必将造成大量劳动力失业。

另一方面，基于物联网、智能化的必然趋势，商品服务化将成为常态。在商品服务化的进程中，对劳动力的需求发生了极大的改变。以前在田野间撒农药的是"种地好手"，而现在是无人机"玩家"；以前的零售商店需要的是热情好客的店员，未来可能只需要补货员；以前的工厂里需要"熟练工"，以后可能只需要会用计算机写报表的"机器监督员"。甚至处于信息技术顶端的"工程师"也可能面临被淘汰的窘境，因为已有企业在研究"自动化编程"。

也就是说，随着机器变得更加智能，传统意义上的"熟练工"将会越来越多地被取代。当然，人工劳动力不会被彻底淘汰，但是到了物联网时代，能够熟练地运用信息技术手段将成为每一个还能够获得工作岗位的人工劳动力的必备技能。

第十一章
农业的工业化进程加快

数字化要求标准化，标准化带来高可复制化，高可复制化形成规模化，而规模化便是工业化的重要特征。随着物联网的到来，数字化从人推进到了物，原本信息化程度最低的农业，数字化进程也得以加快，从而使其在工业时代没有完成的工业化进程，有望在数字化时代完成。

2019年，物联网行业内领先的工业互联网平台企业——瀚云科技有限公司推出了智慧农业赋能业务。基于该业务，瀚云平台可以为农业信息技术服务企业、传统农业企业，甚至需要提高生产效率的农户，提供应用开发或全套智慧农业解决方案。瀚云创始人何渝君介绍说，瀚云从事智慧农业是以农业工业化为使命，结合物联网、大数据、AI、云计算等前沿信息技术及系统解决方案构建全新农业生产方式，实现农业生产管理的智慧化、农业标准的"数据化"，助推我国现代农业的发展。

实际上，类似瀚云这样的企业，自2009年物联网概念提出以来出现了很多。比如专注于农业物联网的安徽朗坤物联网有限公司、北京云洋数据科技有限公司、浙江庆渔堂农业科技有限公司、兴普智能科技有限公司等。虽然每家公司专注的方向不同，但目标是一致的：用新一代信息技术改变传统农业。这一一致的目标实际上正在加快我们在工业时代没有完成的农业工业化进程。

数字化推动农业标准化，标准化带动规模化

数字化是全产业面临的一场革命。曾经信息化水平最低的农业，这一次也被数字化的浪潮席卷。一方面，因为技术成本的不断降低，使得农业这个低附加值的行业也能够"用得起"；另一方面，低附加值的农产品经过技术手段的加持，可以提高价值。因此，在"一减一加"的双重作用下，农业的数字化进程其至快过了工业。同时，农业的数字化进程还加快了其工业化进程。

首先，数字化推动农业生产标准化。比如以前的农业生产，除了少部分公司化运营的农业结构外，大部分都是家庭制，农户各自凭经验。一亩地播多少种，用多少化肥，撒多少农药，靠的是农户在多年的农业生产过程中，通过对自己脚下土地的认识的不断深入，一点点积累下来的经验，几乎没有标准可谈。

数字化的进程逐步让非标准化的农业生产走向标准化。通过埋在地下的传感器，可以深入了解土地的成分，再结合要在该片土地上种植的作物，就可以精准把握到底要给它补充何种养分。那么针对这一类土地，选择化肥就会变成标准动作。以此类推，我们给田地浇水、撒农药、除草等的量和频次都可以通过数字化技术计算出一个标准值，从而打造出一个适合农作物生长的最佳环境。同时，不仅种植业如此，养殖业、林业等领域的农业生产，都可以通过数字化变得标准化。

那么标准化又和工业化有什么关系呢？因为标准化能够带来规模化，而规模化是工业化最基本的特征。

目前大家普遍认可的工业化是指工业（特别是其中的制造业）或第二产业产值（或收入）在国民生产总值（或国民收入）中比重不断上升，以及工业就业人数在总就业人数中比重不断上升的过程。但是，我们不能狭隘地将工业发展定义为工业化。工业化是农业社会走向工业社会的过程，是所有类型生产的一种形态。这种状态就包含了规模化、标准化、流程化等。拥有这些形态的农业生产，当然也可以被称作工业化生产。

以专注于大棚种植业数字化升级的云洋数据为例，其总经理赵洪启透露，一个5～7亩的蔬菜大棚，采用涵盖智能卷棚、放风、滴灌、喷雾设施和智能水肥一体机等硬件设备在内的云洋智慧农业系统后，在提高作物品质的同时可增加收益15%～20%。除此之外，可节约30%的农资消耗，年节约化肥、农药投入12000～15000元/棚。这个就是标准化带来的效果。当这种标准化农业生产得到验证后，可以很快地进行复制。"蔬菜之乡山东寿光是大棚种植领域的标杆，很多外地政府组织当地农民到寿光学习，但是单单一个方言问题就影响了寿光模式的大规模推广。我们的智慧农业平台就帮助农户解决了这个问题，比如将寿光方言转变成四川方言等。"赵洪启介绍说这只是将农业生产标准化的一个点，同时再配合农业生产环境的数字化，以及劳动对象——农作物的数字化，比如借助AI技术识别农作物病虫害，并给出正确的农药使用建议等，就可以让一种农业生产模式迅速规模化。

类似地，比如覆盖种植业、养殖业等几乎农业全领域的朗坤物联网，以及专注于渔业养殖的浙江庆渔堂、专注于果树无人机植保服务的兴普智能等。正是由于这些服务于农业数字化升级的企业的存在，农业生产不断向标准化、规模化方向发展，从而更快地完成工业化进程。

在此过程中，还形成了对农业其他方面的影响，比如优化良性资源，淘汰劣质资源。这其实也是工业化的另一个特征。比如在第二次工业革命期间，一些生产效率低下的传统手工业生产就被大量淘汰，取而代之的是生产效率高的机器大生产。这种状况也出现在我们今天的农业生产升级过程中。

农业进入大规模商业化运营阶段

通过公开资料查询发现，截至2018年年底，我国农业企业总量超过334万家。其中1978年前仅有1388家；从1978年到1988年，增加了25472家，达到26860家；1989年是一个跨越，当年新增企业25575家，然后到2009年又是一个跨越，当年新增120312家。此后，2010年稍有回落，新增企业将近12万家。2011年后又开始猛增，特别是2012年到2016年这5年，增幅达30%。到2018年，当年新增农业企业已达435976家。总体来看，从2009年到2018年这10年间，新增农业企业达269万家，占农业企业总数的80.5%。这一比例整整高出制造业30%。从这一点可以看出，最近10年，农业的商业化发展速度开始超过制造业，不过同时也说明过去农业的商业化程度过低。

其实，从各种历史文献的记载可知，商业原本就是在农业的基础上建立起来的。最初，人们从事农业劳动产出的物品，在留下满足自我生活需求的部分后，将剩余的部分用于交换。后来逐渐出现了专业生产机构。到了工业社会，专业生产机构越来越多，农业也逐渐地脱离自给自足的模式。然而，中国的整体工业化进程相对较晚，所以农业的大规模商业化进程就更晚。也就是最近20年才有明显显现。

一方面，物价上涨的速度远远超过粮食价格上涨的速度，使得农户在保障自给自足后，盈余部分的收益已无法满足其在其他方面的需求，甚至最基本的医疗、教育都很难实现，更不要说旅游、娱乐等。总之一句话：无法满足农民对美好生活的追求。与此同时，工业发展不断繁荣，使得大量农村劳动力有了更多发展机会。

另一方面，随着农业生产机械化和科技化水平的不断提高，农业的生产效率大幅提升。比如近年来，谈及我国农村问题时，"农田荒废"成为必会提及的一个话题。虽然查不到我国农田荒废的具体数字，但是大量土地荒废或者被商业占用确实是肉眼可见的。然而，即便如此，我们并没有出现粮食供应不足的现象，甚至粮食还连年增产。据公开资料显示，从1949年到2018年，70年间，中国粮食产量从1.132亿吨增加到6.579亿吨；人均粮食占有量从210千克增加到940千克。这里面很重要的原因是单位面积粮食增产：每公顷土地粮食产量从1949年的1035千克增加到2018年的5621千克。与此同时，肉类、水产品、禽蛋、水果、蔬菜等农产品，从1995年开始人均产量就已超过世界平均水平。

这些原因都促使原本的农业从业人口，尤其是青壮劳动力，开始谋求农业生产以外的发展机会，或者开始不以"自给自足"为目的，而是以商业经营为目的从事农业生产活动。

据国家统计局公布的2016年第三次农业普查数据显示：农业经营单位（具有法人资格的农业企业、协会、专业合作社等）2043566个；规模农业经营户（具有较大农业经营规模，以商品化经营为主的农业经营户）3980406个，虽然仅占农业经营户及单位总量（209475212个）的3%不到，但是远远超出第二次农业普查（2006年）的数量：农业经营单位395000个，占当时农业经营户总量（200159000个）的0.2%不到。当时还没有提出规模化经营户的概念，但是10年间，农业经营单位增长了4倍。

也就是说，最近20年，尤其是2009年以后，随着物联网、云计算、大数据、AI等新一代信息技术手段的应用，农业资源利用率进一步提升，生产效率更上一层楼，农业不断跳出以满足自给自足为目的的小农经济状态，商业化程度越来越高。既然要商业化，必然要将商品价值最大化，因而必须提高生产效率，那么最好的方式就是专业化生产。比如有人专门种植蔬菜，有人专门种植谷物，有人专门养殖鱼虾，有人专门养殖牛羊。而专业化生产、公司化运营是工业化的又一明显特征。

农业数字化旨在改变落后的农业经济模式

最近10年,中国的风险投资开始繁荣,但是在看起来最有发展潜力的数字化农业领域,比如农业物联网、智慧农业等赛道上,风险投资机构都甚少涉足。与此同时,从事相关业务的企业也确实没有像设想的那样很快开始高速发展。谈及发展障碍,"用户不愿意买单"排在问题榜首。因此在此过程中,也有不少企业退出了数字化农业的赛道,转而从事农产品电商;当然,农产品电商也是农业数字化的一种体现。不过,还是有很多坚守者,在不断的摸索中找到了发展路径。比如前文所提的安徽朗坤、云洋数据等企业。

梳理这些企业的客户群体会发现,其主要客户为以公司化运营的农业经营单位,或者规模农业经营户。像云洋数据,目前的主要客户就是大棚种植户;兴普智能的主要客户就是果树种植户;浙江庆渔堂的主要客户就是渔塘经营户;安徽朗坤的客户除了农业个体经营户外,还有一些农产品生产企业。

从这些企业的成功案例中可以看出,商业化的农业对数字化技术的需求更高。反过来看,用先进的数字化技术去赋能传统小农经济模式的农业,有点"大材小用"。比如农业数字化技术方案商,如果把客户定义为2亿个以"自给自足"为主要目的的农业经营户,那么几乎是没有市场的。据公开资料显示,2018年小麦的收购价格在0.6元/千克左右,目前的小麦种植业正常亩产是400千克左右。假设一个有5亩地的农户,一个小麦季的收入是4800元。如果他采用了农业物联网设施和服务后,可增产20%,增加的收入也不足1000元,但是一套农业物联网设施和服务可远远不止1000元。所以,选择农产品生产企业或规模化经营户作为目标客户,是最佳选择。一个规模化经营户可能会有1000亩麦田,如果一个小麦季增产20%,他就有可能增加19.2万元收入,即便他在这个小麦季对农业物联网设施和服务的投入是10万元,也还是能够达到10%的收益增长。也就是说,数字化对于规模化经营的农业来说,价值更大。因此,在产业发展的过程中,一定会有越来越多的公司化经营和规模化经营的农业单位选择进行数字化升级。

不过，在这个过程中一定会造成非商业化经营的农业经济的萎缩。因为数字化非常重要的能力就是提升商品生产和流通的效率，以及商品质量。如果从事商业化经营的农业单位因采用数字化手段后，产品质量和产量大幅提升，势必压缩以传统方式生产的农产品的市场份额，甚至使生产效率和产品质量低下的农业经营者，无论是商业化经营者还是非商业化经营者，以及条件低劣的农业生产资源，比如质量低劣的耕地、养殖水域、放牧草地等被淘汰。

当然，牵一发而动全身，如果这种状况在一个集中的时间段内大规模发生，必然造成上亿农户的生存危机。好在我们的农业改革是循序渐进的。然而，在新一代信息技术的加持下，农业的全面工业化时代已然开启。

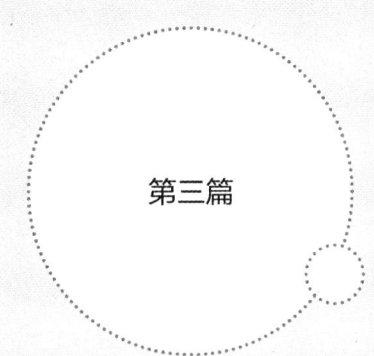

第三篇

布道物联网

第十二章
物联网产业入口之战

物联网概念出现至今的 10 年间,经历了 3 个阶段,同时也经历了 3 次 "入口" 争夺战。其中第一次是以 Wi-Fi 模组为核心;第二次是以物联网操作系统为核心;第三次是以物联网云平台为核心。除了 Wi-Fi 模组之战,第二次和第三次物联网入口之战仍在进行中。那么,目前业界主要物联网操作系统企业的发展如何?物联网云平台企业竞争的核心又在哪里?

"入口级产品"或者"入口级应用"的概念是在互联网时代兴起的。在物联网刚刚萌芽的时候,类似"物联网产业入口"的概念并没有出现,直到2014年智能硬件爆发,Wi-Fi模组被作为物联网产业入口级产品,成为巨头们的"布局对象"。此后,"入口级产品"的战争开始在物联网产业上演。

第一战:被错爱的 Wi-Fi 模组

2014年,是可以被载入"Wi-Fi发展史册",至少是"中国Wi-Fi发展史册"的一年,因为这一年智能硬件产业爆发,而被作为智能硬件主要联网方式的Wi-Fi,自然也迎来了自己的高光时刻。所以,当时中国本土的3家Wi-Fi模组头部企业——杭州古北(Broad Link)、上海庆科和上海汉枫,均获得了互联网巨头的投资。其中,杭州古北先于2013年年底获得了京东的战略投资,并于2014年5月再次获得京东和奇虎360的联合投资;上海庆科也于2014年获得了阿里巴巴的战略投资;上海汉枫则获得了另一互联网巨头百度的投资。

然而,在接下来的发展中,Wi-Fi模组却没有像大家预期的那样一骑绝尘。

首先,Wi-Fi模组的技术门槛没有那么高,所以当大家都认为万亿智能硬件时代即将到来时,参与的企业开始多了起来。最关键的是,那些对Wi-Fi模组需求量最大的企业也都参与其中,开始自研Wi-Fi模组。比如,杭州古北曾预测自己2018年的Wi-Fi模组出货量将达到3000万片,而曾经的电视机龙头长虹声称其出货量早就超过了这一数据。

其次,智能硬件没有像大家预测的那样瞬间爆发。从2014年到2016年间,中国迎来了智能硬件创业高潮,但是却没有推动智能硬件产业的发展高潮。当时出现的智能硬件品类繁多,但是大部分都在"打样阶段"戛然而止,能进入小批量生产阶段的都很少，更别说大规模生产。反而是 2017 年后，智能硬件才开始真正起量。但是离全面爆发仍有距离，比如某家用电器巨头 2015 年间曾经采购过 100 万片 Wi-Fi 模组，直到 2018 年还有 30 万片"滞留"在其方案商的仓库里。

最后，虽然未来物联网终端的数量可能达到万亿，但是 Wi-Fi 并非唯一能够满足这些物联网终端联网的方式，甚至在某些领域或场景中，Wi-Fi 都不是最佳选择，比如在智能家居、智慧工厂、智能交通、车联网等场景中，Wi-Fi 都不如 ZigBee、LoRa、NB-IoT、GPRS、3G/4G 等通信方式。也就是说，经过实践的检验，发现 Wi-Fi 并没有比其他通信方式更具竞争力。

当然，这只是说明当初大家押宝 Wi-Fi 获得的回报远远小于预期，但并不是彻底的失败，因为 2016 年后，物联网开始有了真正的发展，设备连接量也开始达到了成倍的增长。水涨船高，相应地，各种通信方式的市场空间都获得了增长，Wi-Fi 当然也不例外。比如上海庆科，2017 年 1 年的 Wi-Fi 模组的出货量，超过了其过去 6 年的总和。同样，上海汉枫 2017 年的出货量也比 2016 年增长了 60%。

其实发生在 Wi-Fi 模组领域的现象，就像物联网刚刚开始发展的时候发生在 RFID 领域的现象一样。最初所有人都认为"物联网就是 RFID"，后来逐渐认清了事实，RFID 不能满足所有的物联网应用需求。时至今日，从业者已经基本看清了现实：在物联网产业，没有任何一种通信方式可以独霸天下，甚至鹤立鸡群；所有类型的通信方式（只要不是过于落后，或者被强制退役），都有合适的场景、均等的机会。

所以，这物联网产业入口的第一战，无论是操盘手还是在一线冲锋的战士，都没有摘到"全胜"的果实。正如上海汉枫 CEO 邱海一所说，可能还要等，因为物联网产业毕竟还没有发展起来。"风未起，尘安能扬？"

第二战：似是而非的物联网操作系统

2016 年 7 月，曾经因为成功投资阿里巴巴而享誉中国乃至世界的国际投资巨头软银，以 243 亿英镑（1 英镑约合 8.7 元人民币）收购了英国芯片设计公司

ARM，在业界掀起了不小的风浪。大部分人都认为软银收购ARM，图谋的是整个物联网时代。因为就在软银收购ARM前不久，国际电信标准组织3GPP宣布面向物联网的移动通信技术——NB-IoT标准冻结。重点不是NB-IoT，而是"面向物联网的移动通信技术"这一说法，可以说明"物联网"在国际上是被权威组织承认的。在此之前，不管从业者怎么在公开场合强调"物联网是下一个时代"，但内心总认为这是中国人自己创造的概念，"除了中国人自己，没人陪你玩儿"。因此，NB-IoT标准冻结，对物联网产业发展的意义非同小可。它不仅开启了国际上的"物联网并购"，也增强了中国既有物联网从业者的信心，同时也激发了更多企业进入物联网的热情，尤其是各行业的巨头们。

巨头们入场，当然是不甘于小打小闹的，"入口级的产品"便成为大家布局的方向。一方面，芯片是不可能的（早有巨头把持，且很难快速掌握核心技术），模组是不可靠的（已经历过Wi-Fi模组的教训）；另一方面，做解决方案，成不了入口，做物联网终端，体量不够大的单品也没有成为入口的机会，体量足够大的单品也不是三年五载就能够打造出来的，硬件毕竟不是软件。在这样的前提下，物联网操作系统似乎成为比较"靠谱"的选择，毕竟在互联网时代，iOS和Android争霸天下的场面不知是多少企业心中的梦想，而且被软银收购的ARM也推出了物联网操作系统mbed OS。

不过事实上，真正从事物联网操作系统的企业并不多，因为大家普遍认为"它是有难度的"。所以截至2017年，出现的物联网操作系统有20多种，其中大多来自海外企业，比如Google推出的Brillo、Android things，微软的Win10 IoT，Nucleus RTOS，WindRiver VxWorks，ARM Mbed OS，Green Hills Integrity，亚马逊Free RTOS等。同时，既有的Android和iOS依然占据较大市场。国内的有上海庆科推出的MiCO，华为的LiteOS，北京光轮电子的Tree OS，上海睿赛德的RT-Thread，大连悠龙的Tenux，上海南潮的Ruff等。

时至今日，还在赛场上角逐的国内操作系统有华为的LiteOS，北京光轮电子的Tree OS，上海睿赛德的RT-Thread，以及阿里巴巴的AliOS（整合了庆科的MiCO）。

LiteOS（架构见图 12-1）：发布于 2015 年 5 月的华为网络大会上，主打轻量级，当时的介绍是"体积只有 10KB 级，而且实行开源，使智能硬件开发变得更加简单"。2017 年，笔者从相关负责人处了解到，其体积已经缩小到 8KB。"如果你使用华为手机，开启省电模式时，其实是操作系统切换到了华为自研的 LiteOS"，该负责人介绍说，LiteOS 功耗极低，而且"能给手机用，说明极其稳定"。2019 年年初，有媒体称华为 LiteOS 的装机量已超过 2000 万。

RT-Thread（架构见图 12-2）：这个从开源社区发展起来的开源、免费物联网实时操作系统，早在 2006 年就开始启动，但是直到 2017 年才迎来了自己的高光时刻，先是获得了华强聚丰和思必驰的近千万元天使轮投资，又于 2018 年获得了君联资本的数百万美元的投资。2019 年年中，其 COO 邹诚透露，RT-Thread 的装机量已近 2 亿。"支持市面上所有主流的编译工具如 GCC、Keil、IAR 等，工具链完善、友好；支持各类标准接口，如 POSIX、CMSIS、C++ 应用环境、JavaScript 执行环境等，方便开发者移植各类应用程序；商用支持所有主流 MCU 架构，如 ARM Cortex-M/R/A、MIPS、x86、Xtensa、C-Sky 等，几乎支持市场上所有主流的 MCU 和 Wi-Fi 芯片。"邹诚表示。

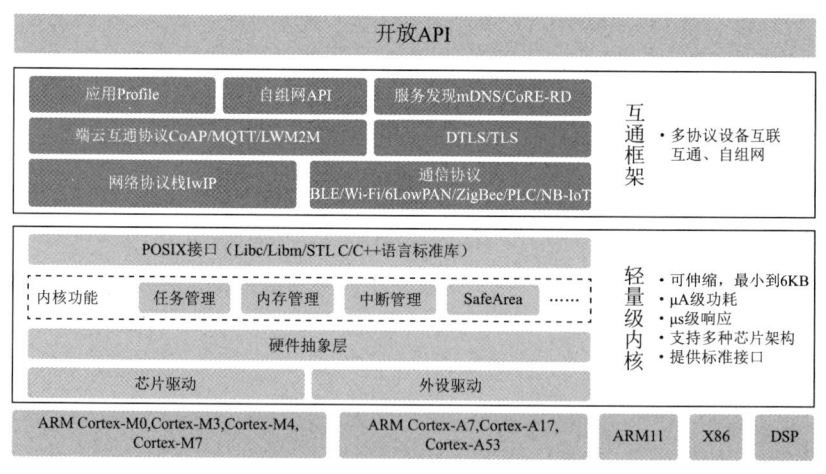

图 12-1 LiteOS 的架构

AliOS Things（架构见图 12-3）：由阿里巴巴发布于 2017 年 9 月，算是阿里巴巴物联网战略的一部分，类似于亚马逊的 Free RTOS。低功耗、轻量化、高兼容性是其主打的方向。2018年9月，阿里OS的相关负责人在接受媒体访问时表示，阿里OS在汽车领域的装机量达70万，但是总装机量并未透露。

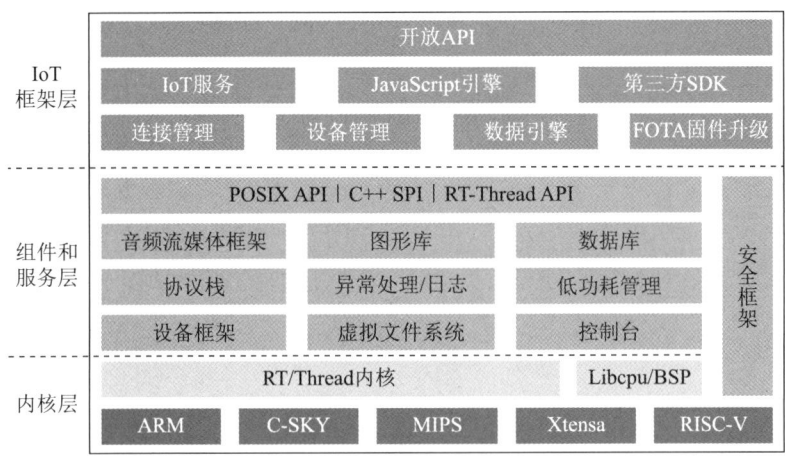

图 12-2　RT-Thread 的架构

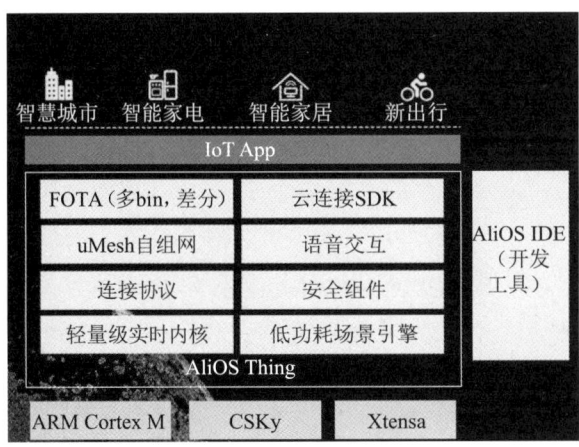

图 12-3　AliOS Things 的架构

Tree OS：可以与RT-Thread并列为创业公司推出的物联网操作系统。其不同在于"无核构件化"，这也是其创始人林添孝对Tree OS的信心所在。"物联网终端的品类太多了，不像手机，所以你很难用一两个操作系统来满足成千上万个品类硬件的需求，"林添孝解释说，"因此，开发出大量模块化的构件，满足用户进行应用开发时'像搭积木一样自由组织操作系统'的要求，才是物联网操作系统的最佳方案。""同时，系统无核化，对内存几乎零占用，是一款真正可用于 MCS51 等 8 位 MCU 的操作系统。"图 12-4 所示为 Tree OS 与 RTOS 的对比结果。

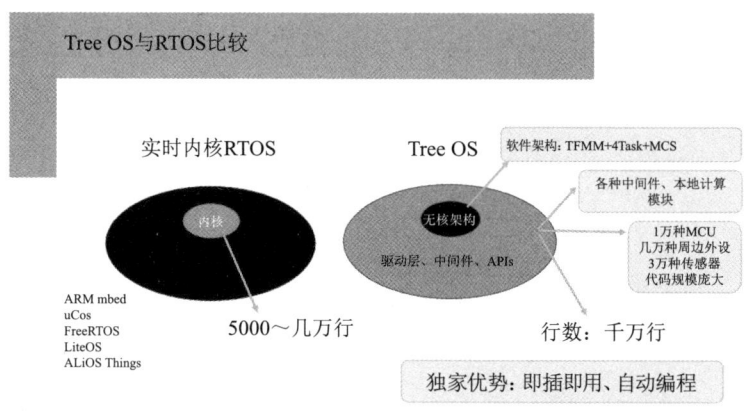

图 12-4　Tree OS 与 RTOS 的对比结果

基于这样的产业理解和产品设计思路，Tree OS 的独特性主要在于：

第一，解决兼容大量的中低档 MCU（Microcontroller Unit，微控制单元）（包括 8～16 位 MCU 及部分 32 位 MCU）难题，这是个市场空白。这部分 MCU 年产量估计在 200 亿颗以上（目前 MCU 年出货量约 300 亿颗）。"要实现万物互联，这部分 MCU 绝不能被忽视。"林添孝曾强调。

第二，建立大型软件构件库 ComLib。"通常周边设备的驱动程序等需要自行开发，有时可能就要占去开发周期大半的时间。建立一个全面的驱动库，可以避免重复造轮子。这部分工作量巨大，但是社会价值也巨大。"

第三，独创自动写代码技术 AlphaMCU，实现"输入电路图，直接生成代码"。Tree OS 在物联网领域率先采用"软件构件化"技术，这是业界公认的代表未来的软件技术，Tree OS 也是首个商业化落地的"无核构件化"操作系统。而"自动编程"则是自然而然的结果，"它代表了未来的软件生产方式。AlphaMCU 可实现自动生成整个应用项目的 70%～90% 高质量代码。"2019 年年中，林添孝表示，Tree OS 的装机量也已达千万级。

第三战：仍在持续的物联网云平台

模组难，操作系统市场容量小，物联网云平台成为"最值得一搏"的物联网产业入口级产品。因此，2017年物联网云平台成为行业风口，并被认为是未来物联网产业会出现巨头的领域。

什么是物联网云平台

在网上搜索"物联网平台"几个字，出现在眼前的会有：云服务企业，比如 AWS、阿里云、Windows Azure 等；模组企业，比如上海庆科、风向标等；PaaS/SaaS 平台企业，比如机智云、米尺网络、云智易、AbleCloud、Kaley 云、QQ 物联等；一些传统工业和 IT 企业，如 GE、三一重工、西门子、思科、诺基亚等。

乍一看，这些企业都推出了自己的物联网云平台。深入了解后就会发现，大家口中的物联网云平台其实是有差异的。比如，机智云、米尺、云智易等平台可以部署在阿里云、Azure 上；AbleCloud 平台上开发出来的物联网终端又可以接入 QQ 物联。

这个时候，可能大家会开始疑惑：到底谁才是真正的物联网云平台，它们之间有什么区别？当然，对于大部分人来讲，无须关心这个问题，只需关心对方的平台能不能帮助自己解决问题即可。但是，如果你了解了这些平台之间的"逻辑关系"，就能更快地选择有效的合作伙伴。

在 2017 年年底，联动物联网产业研究院曾经对 74 个物联网云平台进行过梳理，初步将其按功能分成了三类。当然有些平台事实上同时具备三大类功能，但为方便分类解读，我们择其主要功能以做区分，主要分为三类：基础设施类；开发工具／技术方案类；服务运营类。

基础设施类：IaaS+PaaS

AWS、Windows Azure、阿里云、腾讯云、百度云等基于云计算服务为核心的物联网平台。这类平台多始于公有云服务，所以更多是从云计算的角度提供更加符合物联网数据的基础设施服务。但是，时至今日，各大平台都提供了针对物联网的 PaaS 工具，比如 AWS IoT、阿里云 IoT、Azure IoT 等。

如果我们把云计算中的核心服务大数据存储服务看成一个仓库管理服务，把原本的存储对象看成是书籍（结构化数据），那么一个存储空间的所有设计都是为储藏书籍而服务的：最适合书籍的搬运工具、最适合书籍的储物架、最适合书籍的排列方式、最适合书籍的环境温湿度等。

现在，这个存储空间不仅要存储书籍了，还要存储思想、行为逻辑、空气变化，从形态到物理属性，乃至化学属性都各不相同的物品（非结构化数据）。这个时候，就要求这个存储空间的整体环境以及结构设计能够满足多样化的存储需求。不然，如果今天你要存储的是冰块，还是采用与书籍同样的存储环境，估计早就融化了。

因而，这些云存储平台都提出了物联网云平台的概念，本质上是打造一个更加符合物联网海量数据特征的存储空间，进而通过收集数据进行大数据运算，再磨炼出大数据的孪生兄弟 AI。在这个存储空间里，物联网数据可以更加方便地存储、被调用、进行实时交互等。

同时，更重要的是云平台本身运营模式的转变。就像云计算出现早期，业内一直在提：让用户像使用水和电一样方便地使用存储和计算资源。想象一下，我们是怎么用水和电的：我们打开一个用电设备，才会有电费产生，关掉就没有；水也是一样。

但是这么多年，当我们使用存储和计算资源时，依然是先购买、后使用。购买多少才能使用多少，所谓的弹性存储和弹性计算并没有真正地实现。

可以说，物联网的到来与发展推动了云计算企业真正从"卖资产"向"运营资产"的模式转变。比如，AWS IoT 给自己的定义便是"一个全托管的云平台，使互联设备可以轻松安全地与云应用程序及其他设备交互"，并且按照处理的消息量计费。

由于这一类物联网平台在某种程度上属于重资产运作（起码平台的运营方要有自己的数据中心，即便自己没有数据中心，也要租用数据中心），所以参与者基本上都是大企业。当然，并不是随便一家大企业都能做，还必须是具有相当技术实力的大企业，否则就只能是数据中心了。综合下来，便就只剩下亚马逊、阿里、谷歌、微软、腾讯、百度等寥寥数家。表 12-1 所示为几家物联网平台。

表 12-1 几家物联网平台

平台名称	所属公司
AWS	亚马逊
阿里云	阿里巴巴
Azure	微软
百度云	百度
腾讯云	腾讯
谷歌云	谷歌

开发工具 / 技术方案类：PaaS+SaaS

GE Predix、西门子 Mindsphere、QQ 物联、机智云、远景能源 EnOS、米尺 Ankaa 等这类物联网平台，解决的核心问题是帮助物联网终端及应用的构建提供开发工具。一般具备三个基本能力：帮助硬件接入云端；帮助构建和硬件匹配的应用软件；帮助软硬件实现交互。

所以，这类物联网平台的宣传重点是：可以支持多少种芯片；在其平台上构建一个智能硬件及应用只需多长时间；打通了多少种软件接口。

从云计算的架构上来看，这类物联网平台比较类似于 PaaS 平台，但又不完全局限于 PaaS。目前，大部分这类平台都称自己为赋能平台。

今天的物联网平台成为开发工具类，一部分是主动"成为"，比如机智云平台、小米开放平台等；一部分是被动"沦为"，比如安徽朗坤物联网公司，其创始之初的定位是成为农业物联网的运营商，但是在公司真正运行之后，发现好的传感器找不到，好的云平台找不到，甚至好的终端设备也找不到，最终就是每个环节自己都做了。犹如今天的大部分物联网平台企业，其实很多希望最终成为服务运营平台，但是产业环境不允许它们一步到位。

那么今天的开发工具类平台是如何运行的呢？我们举例说明。比如一个风电运营商希望打造一个智能风电运营系统。首先，它要定义自己对这套智能系统的核心诉求，是设备监控运维还是发电量的管控。在定义了服务诉求之后，就可以决定收集风机的哪些相关数据。在决定了收集哪些数据之后，就可以决定采取何种方式来收集这些数据，比如收集哪些部件的数据、采用哪种通信方式等。数据采集完之后，需要进行数据处理，比如存储、清洗、分类归档、再存储等。然后，要将数据转变成人或其他设备可以读懂的内容。随后，根据内容接收方的不同，比如可能是人，也可能是物，要决定应用端如何呈现：是可见的方式，比如通过计算机网页、手机 App，还是不可见的方式等。最后，还要制定人与设备、设备与设备之间交互的规约，比如什么情况下需要停掉设备，什么情况下需要通知运维人员等。

整个这一系列过程，除了第一项必须由该风电运营商来确定外，其他的所有环节都可以通过这类开发工具性质的物联网平台来实现。因为它们的主要工作，就是不断把实现每一个环节需求的通用工具放到自己的平台上，让用户可以快速地实现设备联网和应用服务构建。

比如，在数据采集环节，它们打通了所有类型的通信协议，这样，无论用户方的硬件设备采用的是 ZigBee 协议，还是 Wi-Fi 协议，抑或是 NB-IoT 协议，通过简单适配，都能够快速地实现与云端的链接。

在数据处理环节，它们已经对接好了所有的存储平台，可以满足用户方数据的快速存储，并且整合了所有的数据处理工具，用户只需按照自己的诉求选择适合的工具即可。

在应用软件构建环节，它们不断找出各种应用中的共性功能，并将其模块化，用户可以像搭积木一样，搭建出一个监控运维的应用或其他需要的应用。

名义上，这类平台数量较多，目前应该算是物联网平台中的主流。不过事实上，大部分都不能算作纯粹的开发工具类平台，可以说就是个性化物联网解决方案平台，因为只有个别平台能够满足第三方方案商或者工程师二次开发的需求。有些平台还兼有服务运营的属性，比如 GE 的 Predix，最初是为了服务它们散落在全球各地的飞机发动机，后来逐步开始为合作伙伴提供物联网应用开发服务。也就是说，它原本是带有一定运营服务属性的。而解决方案属性的平台就更多了。

从 2017 年到 2018 年，不到 2 年的时间，开发工具类平台就分化出了三个分支：一类坚守应用开发，比如机智云、树根互联、明牛云等；一类开始面向个别客户提供解决方案及平台运营服务；剩下的大部分成为面向单个行业或者多个行业的物联网整体解决方案商，所谓平台只是为了满足自己快速开发应用的需求。表 12-2 所示为目前的开发工具类平台。

表 12-2 开发工具类平台

项目	平台名称	所属公司
1	Watson	IBM
2	Azure IoT	微软
3	MindSphere	西门子
4	Leonardo	SAP
5	Jasper	思科
6	GLA（Global Lenovo API）	联想懂的
7	ThingWorx	PTC
8	Predix	GE
9	海尔 U+	海尔
10	COSMOPlat	海尔
11	Xrea	徐工信息
12	树根互联	三一重工
13	EnOS™能源物联网平台	远景能源（江苏）有限公司
14	INDICS	航天云网
15	ONEnet	中国移动
16	IMPACT	诺基亚
17	WiseCloud	研华科技
18	Movilizer	霍尼韦尔
19	Ecostruxure	施耐德
20	Ability™	ABB
21	AWS IoT	亚马逊
22	QQ 物联	腾讯
23	京东智能云	京东
24	小米开放平台	小米
25	天工物联网平台	百度
26	飞凤平台	阿里云 / 无锡高新区政府
27	阿里云 IoT	阿里巴巴
28	机智云	广州机智云物联网科技有限公司
29	志城云	济宁中科智城电子科技有限公司

续表

项目	平台名称	所属公司
30	Mixlinker	深圳市智物联网络有限公司
31	AbleCloud	北京智云起点科技有限公司
32	云智易	广州云湾信息技术有限公司
33	氪氪云	杭州第九区科技有限公司
34	立子云	基本立子（北京）科技发展有限公司
35	Ruff	上海南潮信息科技有限公司
36	C3-IoT	C3-IoT
37	ThingPark	Actility
38	UpTake	UpTake
39	TLINK	深圳市模拟科技有限公司
40	CLA-DATA 开放工业物联网云平台	深圳云联讯数据科技有限公司
41	Kalay 云	物联智慧股份有限公司
42	普奥云	普奥云信息科技（北京）有限公司
43	乐物联	北京乐为物联科技有限责任公司
44	Mi-Platform	上海米尺网络技术有限公司
45	Cloudlinx 工业物联网平台	中能远景信息技术（北京）有限公司
46	库云物联	库德莱兹物联科技（苏州）有限公司
47	i-Preception 工业云平台	上海明牛科技有限公司
48	涂鸦智能	杭州涂鸦科技有限公司

服务运营类：SaaS

目前已经出现的服务运营类物联网应用有：以共享单车为代表的分时租赁系列；以大型机械设备为主的以租代售系列；基于设备联网的硬件＋服务系列，比如智能家居、智能手表等；基于大量设备联网衍生出来的应用，比如物联网金融等。

不过，现在还处于物联网产业的发展初期，所以纯粹的物联网服务运营类平台还相对较少。但是，这同时也是机遇。

总体看来，目前开发工具／技术方案类物联网云平台居多，甚至可以说绝大部分物联网平台都不能称之为平台，因为目前越来越多的平台都在转向提供物联网整体解决方案。其中，基础设施平台负责数据的存储与处理等问题；应用开发平台负责为服务运营平台提供应用开发的基本工具和构件；服务运营平台负责应用服务的运营，可以说到了这个层面，运营重于技术。

物联网应用开发平台的发展路径猜想

从 2018 年开始，物联网应用开发平台有了比较明显的分流倾向。如果按照当前的情况往前演进，我们预测这些平台会经历两个阶段，最终会呈现三种状态。

第一阶段，云存储 + 解决方案。

可能到 2020 年前，具有较高数据价值的单一设备联网率或者场景化组合设备的联网率低于一定比例，比如 30%；应用开发平台公司会呈现两种状态，一种以卖云存储为生，另一种以做解决方案为生。

一眼望去，是不是发现除了中国移动，全是原来做 IaaS 的企业？不过这也很正常，目前整个物联网产业还处于"设备上网"的初期阶段，设备上网了就有数据，有了数据就需要存储，尤其是现在不知道哪些是有用数据、哪些是无用数据，所以干脆都存起来，因此对存储的需求增长可想而知。

当然，这些公司也不是不做解决方案，拿了项目，可以外包啊！

这部分企业还坚守在帮助用户构建物联网应用解决方案，或者协助用户在其平台上自主构建解决方案的第一线。

在此，特别提一下联想懂的的 GLA 平台，它似乎不在这两种状态之中。除了技术赋能之外，其更加注重资源赋能。

第二阶段，云 OS+ 物联网系统运维 + 物联网服务运营。

当物联网设备联网率达到一定比例，比如 50% 以上的时候，物联网应用开发平台可能进入第二个发展阶段，可能呈现三种状态：第一种状态是成为早期大家都在提的物联网云 OS；第二种是成为物联网系统的运维服务商；第三种是成为物联网服务运营商。

要成为云 OS，就要能够实现跨类型、跨场景的物联网应用快速开发。但是从目前的状态来看，如果设备类型和应用场景的跨度太大，那么该开发平台的构建周期就太长，所以，关联场景中的跨领域开发平台成为引擎的可能性更大一些。当前来看，可以分作三个基本场景：消费级场景、城市管理级场景、工业级场景。

不过从存储走到 OS 的企业，可能受场景的限制会小一些，因为它们的核心优势可能在于跨领域的数据价值挖掘，以及应用开放。当然，达到这一层级，需要的不是一般的资本和资源支持，所以从整体看来，大型企业以及获得了大规模投资的企业更具竞争力。

现在，"物联网不是技术，是应用，是服务"这一理念，在业内基本已经深入人心。但是，物联网应用和服务的背后就是系统的支持，而这些系统就是应用开发平台公司正在帮助用户构建的解决方案。当应用开发平台的那些用户们能够基于这些解决方案运营物联网的应用，进行商业模式创新的时候，一部分应用开发平台企业将承担其系统运维的重任。这一点颇像当年的云计算产业发展路径，上百家企业角力公有云，仅有数家胜出，剩下的企业要么离场，要么转战云运维。不过，这个市场比公有云能容下更多的企业。

另一部分可能会成为物联网应用服务运营商，比如运营一个"工程机械共享服务"，或者一个"燃气灶变卖为租服务"，或者一个"基于环境数据的健康管理服务"等。也就是说，在联网的设备量足够大、有效数据量足够大的情况下，基于数据的物联网应用将迎来大规模爆发，那个时候可能会有一个新的创业高潮，而今天已经入行的应用开发平台企业原则上更有机会成为优秀的物联网应用服务运营商。

从目前来看，只有第三战仍在持续。如果从技术角度来看，传统的行业信息化方案商和工业自动化厂商似乎更有优势，因为从原理上它们应该既懂 IT 又懂工业，中立，又有资源。比如，西门子在工业 PLC 领域占据近半市场，它要打通各种协议几乎毫不费力。而换一家企业做同样的事情，耗费的时间和精力必然陡增。

然后可能是传统工业企业，应该说这一类企业和纯 IT/互联网背景的企业相似，都属于"偏科"型。工业背景的可能在对 IT 的理解上差一点，IT/互联网背景的企业可能对工业的理解差一点。

这些差异在平台层面就有明显体现。比如互联网公司推出的物联网平台都不愿意做"Dirty Work"（"脏活儿"），就想着接数据；至于底层的数据怎么采，节点怎么布，设备怎么连，这种脏活累活，它们希望丢给别的企业去做。这可能是互联网公司从事物联网的最大劣势。

而对于传统工业企业来讲，一台设备里哪些数据是有用的，哪些设备互联是有用的，如何采集效率更高，这些原本就是它们擅长的。它们不擅长的，可能是什么 AI、雾计算、霾计算等让人一听脑袋就云里雾里的 IT 新技术。

经过两年的发展，以上问题似乎通过"人才的重组"逐步得到了解决。就以徐工 Xrea 为例，2018 年 11 月，联动原素曾前往徐州走访。去之前，笔者对其期望不高：徐工虽强，但是做物联网靠的是人才，而这类人才基本都在北上广深。去之后发现，其团队几乎是 ICT 巨头的汇集地。屏幕上那几张图一闪，客户数据一亮，瞬间让笔者对其刮目相看。从这一点来说，人才应该是当前物联网平台企业的角力点之一。当然，吸引人才的因素有很多。

不过同时，相对于 IT/互联网公司，传统工业企业可能有个较大的劣势，就是同行之间的相互排斥性比较强。

历史总是惊人地相似。这种状况，云计算经历过。2013 年至 2015 年，消费主导物联网时亦经历过。

最后，说创业公司。创业公司的优势在于："团队干净"，不会被随便贴上什么标签；"产品干净"，可以不受任何"背景"干扰；最后中立。然而，这些同时也可能是劣势。就以云计算为例吧。早在 2010 年至 2012 年，云计算创业公司扎堆。今天在云计算产业，活跃的仅剩下个别巨头，创业公司也只剩下 UCloud、七牛云、青云。其余大部分创业公司都转做私有云解决方案，或者云运维。应该说，物联网平台企业正在重蹈覆辙。

第十三章
用1万+类产品验证物联网开发平台

它从智能硬件方案商,成长为中国最早的物联网应用开发平台企业。在物联网产业起起落落的风云变幻中,它一直坚守初心,终于成为目前国内支持物联网终端和应用种类最多的物联网云平台企业。

第十三章 用1万+类产品验证物联网开发平台

物联网应用开发平台的故事要从谷歌说起。谷歌可以说是整个物质资料联网和智能化的绝对推动者。2012年谷歌推出智能眼镜，掀起了全球范围内的可穿戴设备风潮；2014年以32亿美元收购智能温控器创业公司Nest，拉开了硬件智能化的大幕，同时，将智能硬件开发平台推上了风口。

原因很简单，纵观整个智能硬件产业链，上游芯片早有巨头把持，并且技术门槛颇高，创业机会渺茫；下游硬件产品，工业类产品入行门槛高，消费类产品必须是体量大、市场规模也大的，比如汽车、大家电等才有价值，但是这类产品的入行门槛也不低，剩下的硬件产品，谁能做出来，就是拼运气了。最终就剩下将功能产品变成智能产品的中枢纽带——智能硬件解决方案提供者。如果纯粹做定制化方案，接一个项目做一个方案，从任何角度来看都是苦力活，并且市场前景一眼看到头。但是，如果能够将各种开发方案模块化，可以用搭积木的方式构建各种类型的智能硬件，智能硬件解决方案这项工作的价值不就被放大了吗？如果只提供80%，甚至60%的通用开发技术或工具，剩下的部分让用户自己开发，那不就可以像安卓或者iOS一样，成为操作系统了吗？这样看来，提供智能硬件解决方案这件事的价值不可估量，更重要的是，各种论证下来，这件事是完全可以实现的。因为要想做智能硬件，就必须让其实现联网，基于当时人机交互和物物交互的条件，手机App一定是主要的交互媒介。手机App的开发已经非常成熟，所以方案商主要攻克的就是硬件的快速联网和与App的通畅交互。所以，在各方力量的综合驱动下，智能硬件开发平台成为整个智能硬件时代的入口。随之而来的便是入口争夺战。

据不完全统计，仅在2014年，中国推出智能硬件开发平台的企业就有十几家，包括互联网巨头腾讯、阿里、小米，传统家电巨头海尔，通信模组公司上海庆科、杭州古北、浙江风向标等,全新的创业公司 Able Cloud、艾拉物联,以及原本就是专注物联网技术、从事硬件智能化开发服务的机智云、云智易等。尤其在此领域已有多年积累的机智云,顺理成章地成为行业引领者。

先行一步,引领智能硬件时代

2005 年,身在纽约的黄灼与其在广州的高中同学刘琰一起组建了当时以基于亚马逊弹性计算技术服务为主要业务的机智云团队,服务北美互联网企业。2010 年,他受邀参与苹果 MFi 计划,从此便踏上了智能硬件开发服务之路。用机智云创始人和 CEO 黄灼的话说:物联网就是让传统功能硬件有生命,而机智云要做的就是提供让它们拥有生命的工具。这套工具就是:让硬件快速联网;在手机端快速生成 App;保障 App 和硬件的交互流畅。截至 2013 年年底,采用机智云开发服务的智能硬件品类已达近百种,从玩具汽车到智能门锁,从智能手环到高尔夫球杆(见图 13-1)等,已经相当丰富。

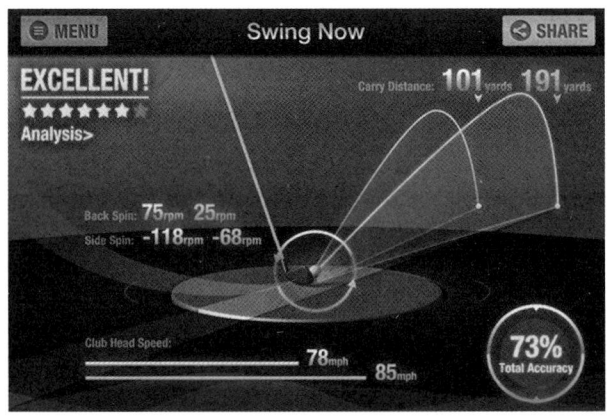

图 13-1　基于机智云平台开发的智能高尔夫球杆

2014 年,智能硬件浪潮一起,机智云就被资本巨头经纬看中。经纬的数百万美元投资,成为智能硬件开发平台领域的首例融资。2014 年 9 月 19 日,机智云 2.0 的发布会在北京举行。机智云的另一位创始人兼总经理黄锡雄讲解了机智云 1.0 和 2.0 的区别:在 1.0 时代,我们注重给大企业提供定制化的物联网整体解决方案服务,而机智云 2.0 定位为一个开发者自助平台,帮助开发者自己快速完成智能设备的开发。应该说,这次发布会是机智云的一次跨越,同时也是智能硬件行业的一次跨越。经纬投资机智云,开启了智能硬件开发平台领域投融资的大门,此后该领域的投融资信息不断。可以说,机智云从 1.0 的定制开发到 2.0 的用户自助开发,是整个行业智能硬件开发平台探索的开始。在机智云 2.0 发布会上,黄灼发表了题为"打造你的物联网平台"的演讲,见图 13-2。

图 13-2　黄灼在机智云 2.0 发布会上演讲

2015 年,在"双创"政策的鼓舞下,智能硬件创新、创业的疯狂时代到来,也使得对于智能硬件开发平台的这场探索达到了高潮。据不完全统计,当时仅面向消费电子领域的就有将近 30 个平台项目。这一年的 8 月,机智云再次获得由经纬中国领投、浙江九仁资本跟投的 2 亿元人民币的投资,成为当年智能硬件开发平台领域估值最高的企业。同时,机智云也践行着其"开发平台"的"使命":平台上开发者过万名、服务企业超过 400 家、设备激活量超过 300 万台,撑起了全行业对"智能硬件开发平台"的希望。

保持清醒,拥抱物联网

2016 年,整个智能硬件创业市场开始衰落。首先,前文所说的工业类以及消费类高门槛产品,创业者无法企及;然后,在一些低门槛产品领域,创业者扎堆,产品同质化严重,关键是基本都属于"非刚需",而小米才是这方面的王者;最后,其实也是最重要的原因,在物联网时代,不是所有的单品都能构成一个独立应用,需要场景化、系统化，因而多硬件组合形成一个应用才是常态，比如智能家居、智慧工厂、智能交通等，而当时的大部分创业公司都在做智能单品。在多种原因的驱使下，2016年智能硬件企业倒闭潮开始。此后，小型单品硬件公司自身难保，大型消费电子企业自己打造平台，甚至有些还抢了 Wi-Fi 模组公司的生意，致使智能硬件开发平台的发展开始分化：一部分开始去做定制开发服务；一部分，主要是大型传统消费电子企业，开始回归到服务自己的产品；只有个别公司还在坚持"开发平台"之路，机智云便是其中之一。但是，坚持不代表一成不变。

2016年3月，机智云从原来的广州杰升信息科技有限公司更名为广州机智云物联网有限公司。一方面，是将公司名称与品牌名称进行了统一；另一方面，也是更重要的，向业界宣布机智云的物联网时代开始启航。此后，机智云硬件开发平台完成了向物联网应用开发平台的平稳过渡。2016年7月，面向物联网的移动通信技术 NB-IoT 标准冻结，沉寂多年的物联网重回信息科技产业核心。因此，机智云的这一举动，又使其保持了在物联网领域的领先地位。

在2016年9月19日举办的机智云4.0发布会上，机智云对外发布的完整平台名称是：机智云4.0物联网开发平台。该平台的重要组件——实时大数据平台（RTBD），更是被定义为"一个专门为物联网应用而生的实时大数据分析、处理、输出平台"。也正是这一年，机智云开始跳出了原本的家居家电、健康、可穿戴设备的圈子，向商业和工业应用领域拓展，比如出现了一些类似于智能缝纫机、智能分拣货架等方面的产品。2017年9月19日，机智云发布了5.0版本，见图13-3。

历史总是惊人地相似，2017年，和当初的智能硬件一样，物联网开发平台成为物联网产业的风口。既有的智能硬件平台也都转成物联网开发平台，再加上2016年大规模成立的工业互联网平台，一时间，仅在中国，所谓的"物联网开发平台"就达到六七十个之多。不过这一次的洗牌周期更短，到2018年，"物联网开发平台"是伪命题已经排在了物联网话题榜的榜首。为什么会出现这种现象？"因为物联网应用拥有极强的场景化、行业化特点，每一种场景都有不同的应用逻辑，平台企业没有参与过不同场景的物联网应用构建，甚至说没有认真研究或者验证过这些应用逻辑，完全按照自己的思维方式，凭空构建出一个平台，几乎是无法满足用户的需求的，"2018 年年底，在与黄灼的一次交流中，他解释道："也就是说，平台成于方案演化，而非凭空打造。"这也是当资本不再听故事，物联网平台企业几乎全都向解决方案企业转型时，机智云能够再一次选择特立独行的原因。机智云有其特有的技术优势，见图 13-4。

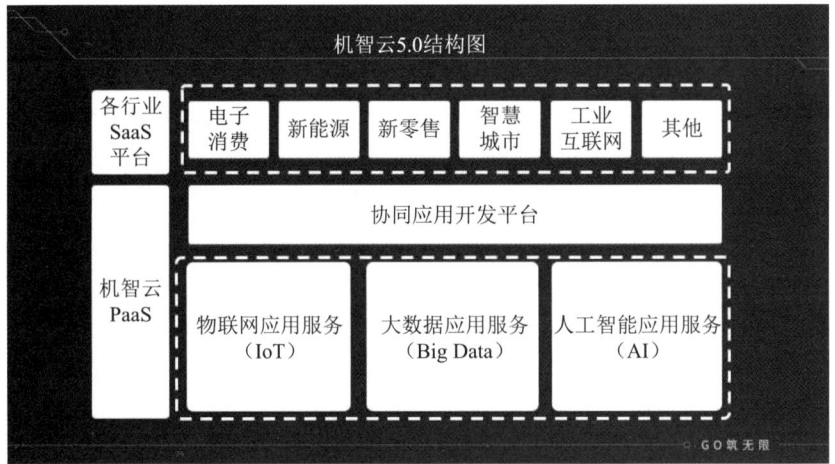

图 13-3　2017 年 9 月 19 日，机智云发布 5.0 版本

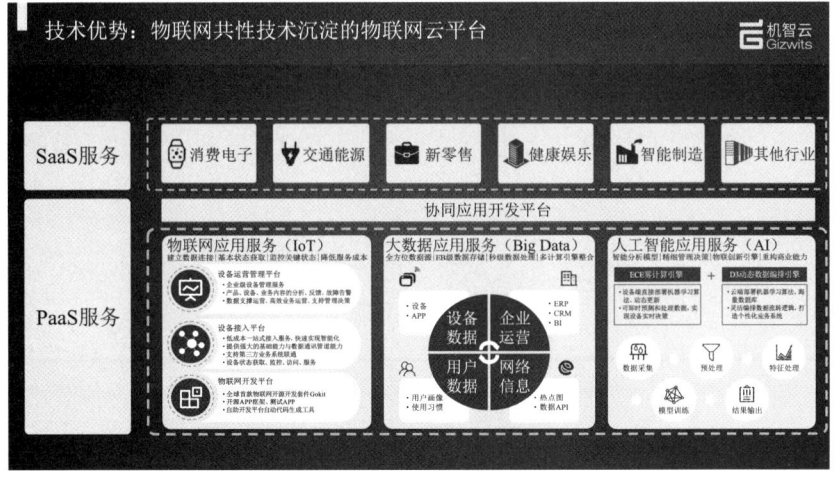

图 13-4　1 万多品类应用的共性技术沉淀出机智云

反其道而行之，坚守开发平台属性

2017年，业内知名的"机智云9·19发布会"没有像往年一样在北京举行，随后机智云裁员的信息开始流传。2018年，机智云获得高通创投战略投资的新闻也没有进行宣传。所以，业界开始有了"机智云式微"的看法，或者说是略带心惊：如果行业楷模都做不下去了，那么是否代表这个行业的全盘皆输？

2018年年底，在和黄灼的一次的交流中，他用"机智云的收入规模在以每年超过100%的增速快速增长"的事实，侧面回应了这个传言。他表示，对于一家健康发展的公司，企业内部组织优化调整是每天都在发生的，公司人力的最佳资源配置是高效完成公司战略目标的重要手段之一。外部所谓的"裁员"是机智云战略性把解决方案团队与平台研发推广业务分离的结果。平台团队正在扩大招聘更多优秀的人才，投入NB-IoT、物联网安全、人工智能等核心技术的研发。机智云最初就是做智能硬件定制化方案起家的，开发平台是由大量方案抽象演化出来的，并且在平台成长的过程中，不断在开拓新的硬件、应用品类，因此阶段性有内部的方案团队去进行开发探索。到了2018年，机智云平台赋能平台开发者、联合推出解决方案的模式已经成熟，"逐步弱化内部自主方案研发是完全正常的"。

此后，对于各种传言，机智云选择了"用事实说话"。2019年年初，机智云平台已经连接的智能硬件涵盖智能家居、可穿戴、安防监控、医疗保健、教育、运动、娱乐、交通、新能源、物流运输、生产制造、农林业、生态环境、电网、商业零售等20多个领域，细分品类已达一万多个。并且，很多产品都是第三方开发者基于机智云的平台二次开发的，比如扫地机器人、净水器、空气净化器等。甚至，有些产品很"不寻常"，比如洗鞋机、蚊香器、彩票机、炒茶机、尿素加注机、筋膜仪、炒菜机、激光雕刻机等。图13-5所示为相关产品。

作为拥有1万多个品类物联网终端及应用的平台，机智云为用户提供的不仅仅是技术开发支持，还有商业模式设计。"因为传统功能物品联网或者智能化后，它的商业模式一定会变得和以前不同，不然它的智能化就没有意义。"黄灼认为。例如，早期机智云内部还孵化了一支专门做智能硬件商业模式探索的团队奥付云，之后与自助设备行业领先品牌维码器、科蝶战略合并重组成新公司——趣互联，专注于物联网应用的运营服务,在原服务的基础上,增加线下泛自助设备流量变现聚合平台,帮助客户不断实践商业模式。战略合并重组一年后,趣互联借助机智云物联网平台支撑,进入了快速扩张期。2019年一季度接入的自助服务设备(见图13-6)总量已经超过100万台,遍布全国600多个城市,每月服务超过5000万个人消费者,平台月流水近10亿元,成为国内线下流量最大的入口之一。

图 13-5　开发者基于机智云平台开发的各种物联网产品

图 13-6　基于机智云平台开发和运营的共享类物联网应用

趣互联是典型的服务企业的产业物联网（Industrial Internet of Things）应用。与智能家居和可穿戴设备等服务于消费者的物联网场景相比，企业级物联网应用解决企业的刚性商业需求，商业模式清晰，但企业级应用对物联网平台的稳定性、安全性、功能完善程度都有更高的要求。目前，机智云平台通过2G/4G、NB-IoT、LoRa等多种通信方式连接了数百万的商用设备，成为国内少有的具有规模化运营经验的产业物联网平台。

至此，机智云的发展可以说是更加明晰。一方面，基于1万多品类物联网应用的开发经验，完成了一个能够覆盖几乎所有品类物联网应用的快速开发平台的构建，并且还在不断对其进行完善，比如不断融合AI、区块链、5G等新技术；另一方面，基于自己内部孵化的商业模式创新服务公司，帮助机智云平台上的用户快速构建商业模式，正如黄灼及其核心创始团队最初打造机智云的初衷：帮助传统企业在向物联网企业升级的过程中，平稳快速跨过0到1这个阶段，用我们踩过的坑，来帮助企业少走弯路。"走到今天，这个平台已经不仅仅是我们机智云团队的平台，里面还有一两万的开发者的贡献，并且'走下去'这个使命也不仅仅是我们的使命，也是我们和陪我们一起成长的开发者们共同的使命。"一句话表现出了黄灼及其团队的坚定信念。

物联网的十年是企业风云变幻的十年，今天还在山顶，明天可能就已经在谷底了，因为最近十年的中国，资本的繁荣和技术概念的频发，造就了太多创业者，其中不乏投机者。根据工信部的统计数据，2012年年底，中国的法人企业仅有1300多万户，到2018年年底，增长到3400多万户。在追随概念和风口的前提下，部分企业无法沉下心去踏踏实实地做事。因此，当物联网平台的第一波大浪退去，留在海岸上迎接下一个高潮的也唯有像机智云这样用十年朝着一个方向深耕的企业。

第十四章
下一代移动交互入口的0到1

它与谷歌选择了同样的产品,却没有与其选择同样的发展道路。在整个行业沉浸在"风口已来"的兴奋中时,它在低头看路。当整个行业陷入低谷时,它用行动向大家证明这只是黎明前的黑暗。如今,它已是智能眼镜行业量产规模最大的ODM(Original Design Manufacturer,原始设计制造商)企业。

2019年伊始，智能眼镜行业知名且垂直领域商用经验最丰富的云管端整体解决方案公司 Top Smart 就异常忙碌：人员招聘、客户谈判、供应商拓展、生态合作伙伴构建，乃至媒体宣传的频率，都比往年高出了许多。原因很简单，项目与客户又比 2018 年增长了几倍。据其总经理李传勋透露，Top Smart 2018 年的出货量是 2000 多台。2019 年年初收到的订单已经有 2 万多台，看起来数量并不多，"但已经是商用智能眼镜行业出货量很大的企业了，"一位智能眼镜领域的资深投资人表示。这句话也从侧面说明了这几年智能眼镜行业发展的不易。

Top Smart 是上海翊视皓瞳信息科技有限公司的品牌名称，2015 年由台湾佐臻股份有限公司（今佐臻集团）在上海合资成立，专注于智能眼镜整体解决方案服务。此后，中国乃至全球的智能眼镜产业界出现了一个"扛把子"，佐臻集团也从一个通信与物联网模组公司转型为"智能眼镜界的 MTK"。从 2014 年到 2016 年，佐臻集团在夯实其模组业务的同时，先投资成立了主攻智能眼镜硬件整体方案的上海翊视皓瞳，以及在台湾地区提供行业整体解决方案的品臻，通过这样相对独立而又相互关联的系统打法，终于搏得了今时今日在智能眼镜产业中的地位。

智慧的企业，会在行业泡沫期绕开陷阱

2012 年 4 月，谷歌宣布旗下的 X 实验室将打造一款智能眼镜，并且发布了早期的概念视频。同年 6 月，谷歌在其 I/O 开发者大会上正式发布了该智能眼镜——Project Glass。从外观上看，该眼镜在硬件结构上非常简单，就是一个眼镜架上配备了一个微型计算机主机、500 万像素的微型摄像头、分辨率为 640×360 的微型显示器、骨传导音频传感器。功能上可通过 Wi-Fi 与蓝牙联网；

本地 16GB 内存，同时可以与谷歌云同步；可进行 GPS 定位；可通话、发短信；正常情况下待机时长一天，同时重量仅有几十克。伴随其犹如科幻大片的炫酷发布，媒体将智能眼镜乃至可穿戴设备的未来吹上了天。

此后，在很多报道中，智能眼镜被称作"戴在眼前的穿戴式计算机"，并且认为可穿戴设备是未来发展的必然趋势。2014 年，苹果推出了智能手表，掀起了一场智能眼镜和智能手表谁才是下一代移动交互入口的争论战，同时将可穿戴设备的产业地位进一步推高，甚至有言论称手机也将很快被可穿戴设备取代，并有人明确预测手机消失的时间期限：5 年。

巨头之争瞬间波及全世界，尤其是太平洋西岸的中国。大公司布局，小公司探索，创业者追梦，一时间，AR 眼镜、VR 眼镜、智能手表、智能手环等可穿戴设备扎堆出现。

也正是在这一年，曾经参与过全球几款知名品牌智能眼镜项目开发的我国台湾模组公司——佐臻准备在智能眼镜领域进行产业链布局。一方面，因为我国一些 ICT 行业的巨头受到谷歌智能眼镜的影响，准备布局该产品；另一方面，佐臻通过其十几年的 B2B 生意经验，发现了智能眼镜的另一个巨大应用场景——行业应用。基于以上两方面的考虑，佐臻在上海与本地合作方合资成立了 Top Smart，开始专注于打造中国人自己的智能眼镜，进行智能眼镜产品与应用的研发与落地推广。图 14-1 所示为 Top Smart 的 Slogan。

图 14-1 Top Smart 的 Slogan

2015年1月,在开发者和消费领域均遇到瓶颈的谷歌眼镜宣布项目暂停。同年4月,谷歌正式终止了消费版的计划。但此时的中国却处于AR和VR眼镜的泡沫高峰。据统计,在2015—2016年,中国推出VR硬件及应用的相关企业有近300家,推出AR眼镜及应用的企业也有几十家,而且大部分都在打消费者市场的主意,更确切地说是"打着面向消费市场的名义,向资本市场要钱",通俗地讲就是"2VC"。这也是当时中国流行的"商业模式",一份PPT就能拿到投资,谁还费心费力做市场。曾经在2017年的美国消费电子展(CES)上见到一家来自中国的企业,偌大的展位,就放了一台智能眼镜,当提出要试戴一下时,对方说还没调试好。这种情况在当时非常普遍,曾经有企业参展,在各种论坛上演讲发声,为的是"拍照/录视频留念",好给既有的投资人"交差",或者吸引新的投资人。"希望从顶层进入赛道"的做法本无可厚非,但当时的种种做法已经到了几近疯狂的地步,甚至有企业原本安安心心做着自己的2B生意,却被投资人忽悠进"2VC"路线。

"世人皆醉我独醒"这种至高境界,在原本就是利益驱动的商业界就更加难能可贵,而佐臻就是这样的公司。2015年,当资本席卷AR/VR产业时,在智能眼镜软硬件技术及开发经验方面颇有积累的Top Smart,本有大把机会走资本路线,但是佐臻集团的董事长梁文隆及Top Smart的总经理李传勋,依然保持着清醒的头脑:坚持做2B的生意。因此,在2015年至2016年间,当大部分同行都游走在投资机构之间时,Top Smart却专注于和各行业领军企业及系统集成合作伙伴研究场景需求,做了一套又一套有针对性的应用解决方案,根据具体场景反馈调整产品与方案,做深度场景应用探索,积累经验。至2017年年初,Top Smart针对不同行业的应用、不同客户的需求,做出了十几款满足各种行业需求的智能眼镜样机。而其中有些产品,客户最终并没有大批量采购。即便如此,也没有打消Top Smart坚持走行业应用路线的决心,甚至可以说是加强了该公司的信心,因为在2018年,Top Smart有了切切实实的量产订单,并且开始在远程医疗、实操型作业培训、远程运维等方面有了实际应用。图14-2所示为Top Smart代表性智能眼镜。

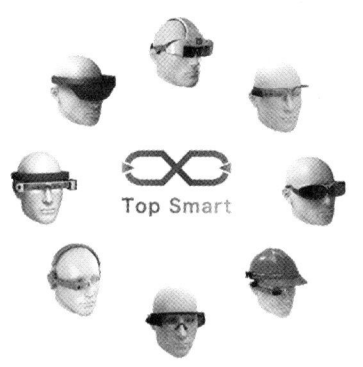

图 14-2　Top Smart 代表性智能眼镜

与此同时，更加鼓舞人心的消息是：2017 年 7 月，谷歌智能眼镜项目又重启了，并且开始向医疗、制造业、物流等行业的企业客户提供智能眼镜。做出这一决定的原因是：在过去的数年，通用航空、农场设备制造商 Agco、DHL 快递、医疗机构 Dignity Health、美国全国卫生基金会（NSF International）、萨特医疗系统（Sutter Health）、波音公司和大众汽车等 50 家企业均在使用谷歌眼镜。也就是说，谷歌发现智能眼镜现阶段更加适合专业应用，而非消费者。所以说，在企业运营中，尤其是面临大的产业变革时，能够始终保持清醒的头脑是何其重要。

智能眼镜不一定是"眼镜"

相比其他硬件智能化，眼镜的智能化目前是最高级别的。因为其他传统功能硬件产品智能化后，其既有功能在其新的功能体系中还处于主导地位，比如冰箱智能化后还是一台冰箱，储藏、保鲜功能依然是优先保证的；汽车智能化后还是一台汽车，出行代步还是其首要功能。但是眼镜智能化后，却不一定还是眼镜，甚至可以跟眼镜没有任何关系，而只是一台戴在眼前的、可简单可复杂的便携式计算机。

正如 Top Smart 的 CEO 李传勣一直强调的"帮助用户解决问题是首要任务"。"首先，从一开始我们就定好了走'2B'的路线，那么我们就要去找出这台'近眼显示计算机'的应用场景，找到了应用场景要看具体是谁要配戴使用，这不仅仅是区分行业这么简单。在医疗行业中，具体场景是模拟实景教学培训用、救护车上急救用,还是用在临床手术中,临床手术中可能还有手术科别(口腔、普外、微创……)领域的需求差异;在工业的场景中,是在什么样的环境下使用,是在无尘车间或特殊危险环境人员用,还是给仓库管理、教学培训、设备运维保等用。各种行业、各种场景下具体需求的智能眼镜,不仅仅是软件应用功能与云端信息内容的不同,甚至连硬件规格、光学、穿戴方式等都要针对客户定制,这样才能真正适应场景,落地产生价值,而这种跨界整合及场景深入的蹲马步、耐心坚持要求,对于许多公司而言,就是很高的门槛了。"图 14-3 所示为 Top Smart 智能眼镜品类。图 14-4 所示为 Top Smart 智能眼镜在各种场景的落地应用。

应用领域	应用场景	操作系统	传感器	处理器
工业4.0	生产装配、实操培训 现场巡检与运维 设备维护、检测、维修 物流仓储、展厅展览等	Android 5.1、 Windows 10、 Android 6.0、 Android 7.0、 Android 8.0	摄像头、热成像、测距、定位、通信等(根据客户需求定制)	Intel® Atom™ x5-Z8350 1.44GHz、 ARM Cortex-A9 Dual Core TI OMAP4460 1.2GHz DSP、 Qualcomm 820 (APQ 8096)
智慧医疗	紧急救护、手术直播 专家远程诊断与手术指导 医疗培训教学、医疗照护 医疗设备检修			
公共安防	人脸识别、证件比对 车牌识别、多语言识别 移动监控执法、应急抢险 危险场景作业(如消防防护) 远程掩体作战等			
教育/娱乐	职校、高校创新教学与实操培训 K12/E-learning教育、多媒体交互教学 设计/编程、出行、游戏/影音娱乐等			
文创导览	文创艺术展览、古迹复原、特色小镇等文旅导览 房产规划、建筑BIM可视化			

图 14-3 Top Smart 智能眼镜品类

李传勣透露,曾经为了帮助一个客户开发用于医疗手术方面的智能眼镜,Top Smart 的研发人员需要到医院手术室里贴身实际观察医生做手术,并根据医生的流程场景反馈意见去改进智能眼镜的设计细节及要求:摄像头为什么要放在这个位置,佩戴方式为什么要改等。李传勣开玩笑说:"这叫作深度定制。""因为一个产品要能够真正在实际的应用场景中提供协助、解决问题，还不能造成配戴者的不适应与困扰，它的相应价值才能得到体现。""而在一个新型产品出现的早期，它应该怎么用，什么样的形态才是最合适的方式，都需要探索。我们面对不同行业的客户、不同群体的需求，必须跨界合作并坚持进行实事求是的深刻探索。""虽然很多时候，探索的过程其实是一个试错的过程，但是只要大方向没有错，持续深刻探索及总结经验，就一定能够找到那条正确的路。"

图 14-4　Top Smart 智能眼镜在各种场景的落地应用

虽然智能眼镜甚至智能手表，以及更多的可穿戴设备，在当下还没有像人们最初期望的那样取代手机在移动互联与交互中的地位，但是至少在人机交互场景中，它已经占据了一席之地，只是换了一种看似体量小，实则具有更大价值的方式。在 5G 即将来临的时代，一款穿戴在眼前的 AR 智能终端，结合机器视觉、物联网、空间建模、全景采集以及各种人工智能算法等技术，将逐步改变人与世界的沟通方式，加速视觉互联网时代的到来。图 14-5 所示为人机交互系统演化路线。

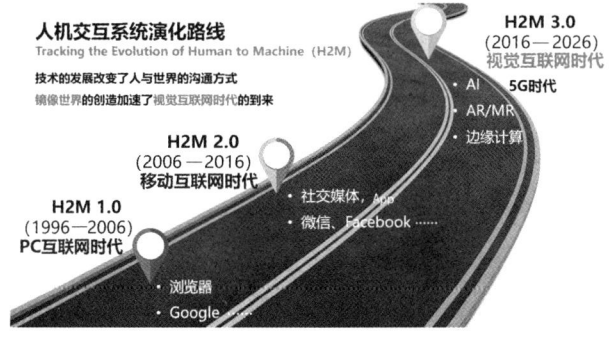

图 14-5　人机交互系统演化路线

2019年年中,在"智能眼镜应用高峰论坛"上,软通智慧、中车数字、新华网融媒体未来研究院、科技日报社、海尔集团、诺基亚贝尔、联动原素、EPSON等公司的代表,分别从智慧城市、轨道交通车辆运维、工业服务、新闻媒体、安防警务等方面介绍了智能眼镜、智能头盔应用开发的实际案例,跨领域交流探讨智能眼镜的场景化应用价值与未来发展。比如科技日报社旗下中国科技财务杂志社总编辑王飞提出了传统媒体融合发展过程中遇到的很多痛点:第一,视频采访很难实现个人作战,至少需要两个人配合,一个是摄像师,一个是记者采访;第二,摄影视角无法随时匹配;第三,摄影与采访工艺不能融合,造成各终端(采访端、后期进行剪辑端、审核端等)信息重合现象严重;第四,摄像设备庞大;第五,采访过程的实时情景,采访者无法获取,无法带来沉浸感;第六,现场采访过程中,无法与后台实时连线。王飞认为,智能眼镜可以很好地解决这些问题,因此,其所在的媒体机构在融媒体的探索中就采用了智能眼镜作为主要工具。

杭州地铁将智能眼镜用于地铁车辆、车站、道路运维也有两年之久,智能眼镜并非其用到的唯一工具,但是却已经成为整个运维服务中必不可少的工具。中车数字科技副总经理周思杭认为,智能眼镜起码在优化团队协作和维保区域、提高作业能力、提升应急处理效率等方面发挥了不小的作用。图14-6所示为中车轨道交通运维智能眼镜。

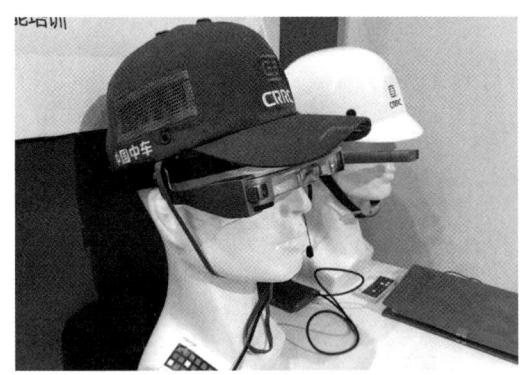

图14-6 中车轨道交通运维智能眼镜

专业安防公司钜星科技与Top Smart合作开发的AR智能警用头盔,通过360°全景摄像头,以及连接公安管理系统的大数据平台,实现了前端执勤警员之间、前端警员和后台之间的实时信息共享，为警务人员装上了"天眼"。

Top Smart 正是通过这样一个又一个与各行业领域专业客户合作的"深度定制"应用，在智能眼镜行业低谷时期独撑一片蓝天。时至今日，Top Smart 的智能眼镜已经做到了 80% 模块化。"我们的原则是 80/20，我们总结场景化应用经验及提炼需求共性，将 80% 需求共性的部分进行标准化、模块化，剩下 20% 差异比较大的部分，必须定制化，但是这一部分我们就不一定完全自己做了。"李传勋介绍说。2018 年，Top Smart 开始筹备一个智能眼镜开发平台，不仅可以进行软件应用的开发，而且可以进行硬件应用的开发，"其实就是我们把已经做过的 20 多款智能眼镜拆成部件模块，让大家去搭积木。" 2019 年，该平台正式上线。至此，智能眼镜的产业发展完成了从 0 到 1 的进阶，而 Top Smart 便是这次进阶的见证者、参与者和推动者。

云管端整体解决方案引领打造"智慧空间"

作为全球最早参与智能眼镜行业的公司之一，佐臻集团与 Top Smart 的布局，已不局限于智能眼镜硬件公司或产品服务商。经过 4 年的积累发展，Top Smart 在本地化服务上已经取得了一定的成果，不管是定制化的产品设计开发服务还是模组化的标准产品，都已在各个行业及垂直领域里得到落地及应用。

现在，Top Smart 将从智能硬件领域进入智慧空间，从打磨一款场景适应性好、针对性强、接地气的硬件产品到开发整体的场景化云管端应用服务解决方案，这其中包括数字孪生技术、3D 与全景可视化能力、去中心化分布式边缘计算能力等，让智能眼镜以及周边各式智能硬件、传感器、摄像头等都能自组网进行融合交流及检测感知，形成空间的智能化、3D 可视化及虚实融合，通过包括 4G/5G 及 Wi-Fi、BT 等各种无线通信技术的智慧连接，能够形成人—物理世界—数字世界的实时联动互通，形成整个智慧空间的直观联动与全感体验，使各式智能眼镜与环境间的交互更合理、更智能、更直观。图 14-7 所示为 Top Smart 提出的智慧空间与视觉互联网。

"单一的智能眼镜是没有价值的，必须结合具体空间和真实场景才能体现其价值，而各种有价值的应用场景就是智慧空间，一个能让虚、实环境与智能眼镜及各式智能终端、传感载体自然交互的有机系统。"李传勣强调。

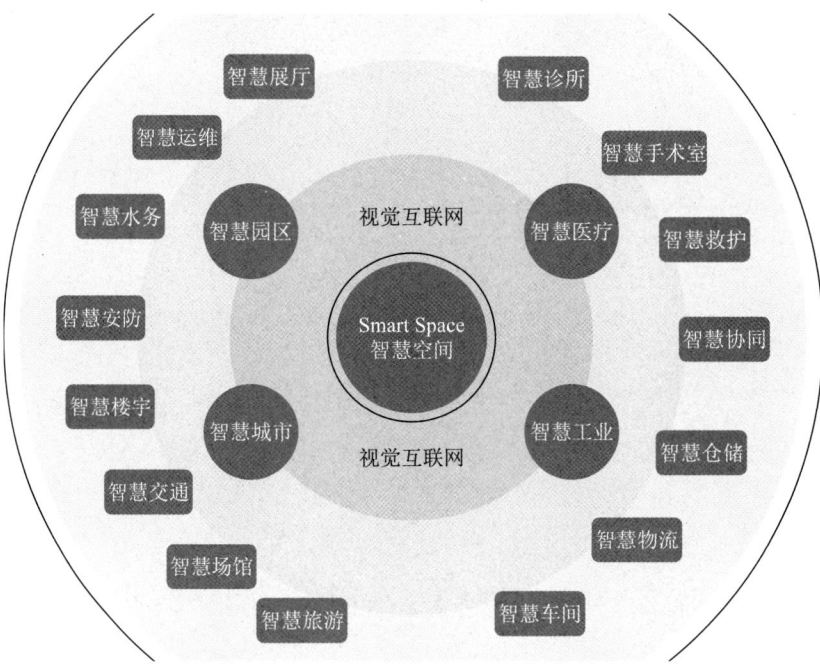

图 14-7 Top Smart 提出的智慧空间与视觉互联网

第十五章
工业互联网平台全景探索

随着互联网、物联网应用的不断推进，第四次工业革命登上历史舞台。工业互联网平台成为第四次工业革命核心的核心。背负着一个耀眼名字的它，涉足工业互联网平台，从一开始的不经意，到后来的引领者，只是一直在践行"战略是用发展的眼光解决当下问题的结果"。

2012年2月14日，工信部正式发布《物联网"十二五"发展规划》，明确提出将在九大领域开展物联网应用示范工程，其中"智能工业"位列首位。此后，根据公开资料显示，27个地方政府分别发布了物联网发展规划或指导意见，并响应国家号召，纷纷展开物联网应用试点示范工作。在所有的示范工程规划中，"工业"都是一个高频词汇（见图15-1）。

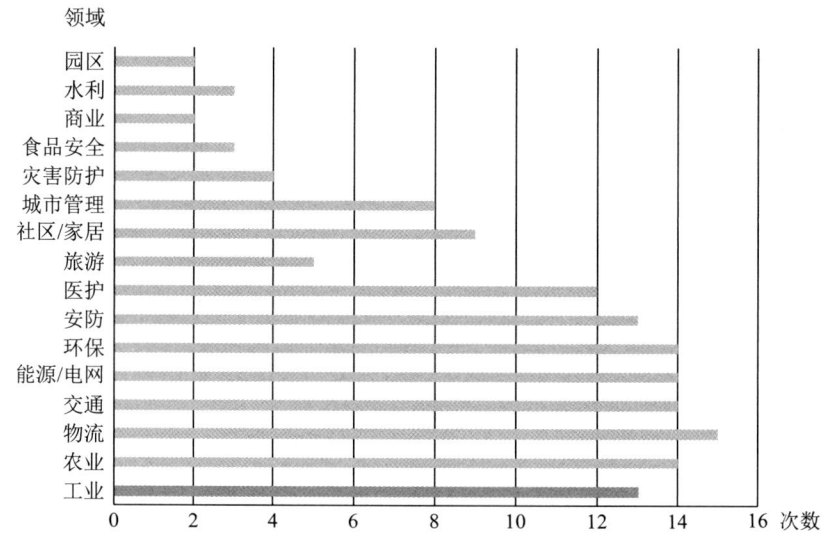

图15-1 工业在物联网示范工程规划中被频繁提及

但是，这并没有促成工业互联网的蓬勃发展。直到2014年，工业4.0被提出后，IIoT（Industrial Internet of Things，工业物联网）的概念开始兴起。最早的关于IIoT的定义出自美国控制系统制造公司——红狮于2014年7月发布的一份名为《IIoT实施的五个要素》的白皮书中：类似于互联工厂和工业4.0，IIoT意味着组织可以连接包括旧有设备在内的多个不同设备，并让它们相互之间实现"对话"。通过收集、分析并利用来自新的和遗留设备的数据，组织能够提高效率并获得竞争优势。不过，工业物联网的概念被广泛提及，已经是 2016 年以后了。

事实上，物联网的应用比概念的提出要早。正如 2012 年的时候，时任研华科技工业自动化事业群总经理的蔡奇男就讲过：如果物联网就是远程监控和自动化，那么我们研华科技已经做了 15 年了。这句话套用在徐工信息身上来讲工业互联网，也不为过。

"误入"物联网

江苏徐工信息技术股份有限公司的前身是徐工集团信息化管理部，2014 年独立成立公司。关于物联网在徐工的应用，流传着一个小故事：2010 年 5 月的一天，徐工集团兰州办事处的一台服务车在凌晨一点多被盗。徐工集团监控中心的工作人员正好在监控大屏幕上看到了这台服务车的异常移动：服务车凌晨 1 点启动，向西安的方向开去。随后徐工集团监控中心的工作人员马上报警，并协助当地公安人员，详细告知警方服务车是沿着哪条公路走的。很快，两个小偷刚下车就被公安人员逮了个正着。

这个过程的背后就是一套物联网系统：前端是徐工产品上的 GPS（全球卫星定位）模块、GPRS（通用分组无线业务）模块，将车辆的位置信息实时传输到徐工集团的设备监管平台上，再结合 GIS（地理信息系统）和数据处理技术，对该车的地理位置、运动轨迹和工作状态等数据进行分析后传送给警方。不过，犹如时任徐工集团信息化管理部副部长的张启亮（现徐工信息总经理）在后来的采访中所说："这只是物联网的一个小小的应用。"同时，这也是早就实现的应用。

融资租赁是工程机械行业惯用的商业模式，这种比较灵活的模式在给承租方和设备厂商带来便利的同时，也引发了很多问题。比如，有些用户会拖账赖账；有些用户会因为设备不是自己购买的，不爱惜设备，不规范使用，造成设备故障。另外，有些设备，尤其是建筑工程机械设备都是在户外使用，会出现被盗现象，就像前面所讲的故事一样。所以在没有一些远程监控手段的情况下，融资租赁的运营难度非常大。因此，早在 2005 年，徐工就已经有了通过 GPS 和 GPRS 技术对设备进行远程监控的探索，只不过当时没有物联网这个概念，所以并不叫物联网。2009年物联网概念提出后，这类应用就有了"组织"。

为了探索物联网在工程机械领域更广泛的应用空间，2010年5月，徐工集团与江苏移动共同设立国内首家工程机械物联网应用研发中心，张启亮便为该中心的负责人。中心规划了物联网技术在工程机械领域的应用探索方向：借助物联网技术实现对各地在役设备的24小时在线实时定位跟踪和健康监控；监视装备的作业情况和机器性能变化；预测预警事故的发生；出现故障及时报警；变被动维修为预防性维护。为实现目标，中心建立了统一的可视化监控平台，通过地理信息系统（GIS）、管理信息系统（MIS）、故障诊断系统和维护保养服务系统，实现对徐工集团设备的实时定位、跟踪和历史轨迹回放，工程机械信息管理和运行状态信息查询，故障诊断与预警和故障日志查询，维护保养提醒和维护保养日志查询。这就是徐工信息"工业物联网"探索的起源。

转折——两个"何去何从"

2009年，徐工集团豪掷1亿元，对下属的16个子公司进行了一次全面、彻底的信息化、自动化升级。随后的二三年间，围绕信息化，乃至智能化，徐工集团又开展了一些大大小小的项目。在此过程中，也建立起了一个不小规模的信息技术团队，核心骨干就有五六十名。时至2013年，徐工集团一些大的信息化项目基本结束了。"没有事情做，前面好不容易培养起来的人才就会流失掉。"张启亮在后来的采访中回忆说当时每天都能看到一些员工悄悄去打电话。"但是，制造业的体系把这些IT人才留下来很难，因为毕竟IT不是主业，不能将IT团队的薪资待遇超过制造业研发团队。"张启亮表示在这样的情况下，他提出了将信息部门独立出来，成立一家公司的想法。最终在2014年2月，徐工集团通过了张启亮"成立一家混合所有制公司"的提案。2014年7月1日，徐工信息技术有限公司正式注册成立，第一个"何去何从"有了答案。图15-2所示为刚成立的徐工信息技术有限公司。

图 15-2　刚成立的徐工信息技术有限公司

在这份成立一家混合所有制公司的提案中，要讲清楚徐工集团与团队的出资与股权分配，但更重要的是必须规划好公司未来的业务发展方向及收益回报。这就是张启亮及其所带领的信息技术团队面临的第二个"何去何从"的抉择。这个抉择在当时并没有那么难，由于徐工集团稳坐"中国重工机械领域头把交椅"的产业地位，其在政府倡导的工业自动化、两化融合等方面都走在产业前列，也形成了很多值得其他行业和企业借鉴的经验。比如，在2014年1月，工信部发布《信息化和工业化融合管理体系要求（试行）》国家标准后，徐工集团被选作贯标试点企业之一，在成果验收后，2014年8月，作为徐工集团两化融合的咨询与技术实施单位，徐工信息以第四名的考核成绩，入选为工信部首批推荐的80家"两化融合管理体系贯标咨询服务机构"之一。所以这一次关于业务方向的抉择就理所当然地被定为：借助信息技术帮助工业企业转型升级。然而，在公司接下来的发展中，这个初衷却不断受到新技术的冲击，这也开启了徐工信息企业发展的下一个阶段：探索。

探索——拥抱新技术，融合新概念，不改初衷

在过去的10年，由于通信技术、半导体技术、计算机技术的不断突破，新概念频出。从表象概念来看，2009年物联网，2010年云计算，2012年移动互联网，2013年大数据，2014年智能硬件、虚拟现实、无人驾驶，2015年互联网+、工业4.0、智能制造，2016年人工智能，2017年物联网平台、工业互联网平台，2018年区

块链。如果其他行业的发展速度是以"年"计，那么信息科技领域的发展速度就是以"天"计的。今天，尤其是2014年后，毋庸置疑，信息技术已经把这种以"天"计的发展速度带到了其他行业，所以其他行业的"生物钟"瞬间被打乱。

徐工信息当然也受到了冲击。比如，刚刚把业务定位为"基于两化融合的第三方信息化服务公司"不到1年的时间，工业4.0的概念就席卷了全世界，置身其中的徐工信息不得不应对。"所以2015年上半年，我就开始思索，我们该如何走，如何将新概念与我们的既有业务整合，未来要成长为一个什么样的公司等。"张启亮回忆说。工业4.0是趋势，并且是工业信息化的未来——智能化，"要成长为一个伟大的公司，必须要把握好未来，但是我们不能不管当下，因为上百号员工要吃饭。"基于这样的考虑，"2015年年底，我们就调整成了两个业务部门，一个保持推进既有的两化融合服务业务，另一个我们当时就叫工业互联网部，开展和工业4.0、智能制造相关的新业务。"图15-3所示为早期的平台开发讨论照片。

图15-3 早期的平台开发讨论照片

张启亮介绍说，当时他就带领团队准备搭建一个工业互联网平台，并借鉴了国际工程机械领域领军企业卡特彼勒背后的技术支撑公司——Uptake的相关经验。Uptake吸引张启亮的原因是它已经落地的预防性维护功能，当时业界还仅仅停留在讨论的层面。结合早期工程机械物联网研发中心时期打造的设备远程监控及可视化平台，借助Uptake的经验，徐工信息开始打造自己的工业互联网平台，便是日后的汉云平台。

由于当时云计算、大数据等技术都已经成熟，所以在这个平台的搭建过程中，张启亮带领技术团队进行了全盘考虑："因为这不仅是一个服务当下的平台，还要是一个可以适应未来、满足未来工业企业需求的平台。"包括后来工业互联网的概念又火起来，徐工信息可以在对外宣传上去融合新概念，但是核心根本没有变过，正如张启亮所说："虽然信息技术和概念在变，并且是不断在变，我们的初衷却从来没有变过：用信息技术帮助工业企业转型升级。"

到 2019 年，徐工信息的汉云工业互联网平台上已经连接了 70 万台设备，管理资产总价值 5500 亿元，其中超过 30% 来自徐工集团，但这不影响其成为管理资产规模最大的工业互联网平台。图 15-4 所示为徐工信息如何利用工业互联网创造价值。

图 15-4　徐工信息如何利用工业互联网创造价值

与此同时，徐工信息也对自己的业务进行了分级，根据不同客户的信息化基础，划分为自动化、信息化和智能化三个层级。"有些企业连工业 1.0 都没有实现，你怎么让它实现 4.0？有些事物的发展必须经历一个过程，就像一个人从 1 岁长到 20 岁，必须要经历 19 年，这个是任何人都无法改变的规律，工业的升级也是一样，要一步一步地来。"张启亮如是说。同时，徐工信息又将信息化赋能服务分为三个方向：智能工厂，主要面向产品的生产过程；产品的全生命周期监管；产品本身的智能化。这三个层级 + 三个方向，几乎可以涵盖所有类型工业企业的智能化升级核心需求。

汉云工业互联网平台可以为工业资源泛在连接、工业数据集成分析、工业应用开发创新提供一个安全性高、扩展性强、部署灵活的开发运行环境，让企业基于对数据的洞察与分析为用户带来更强大的设备资产运维能力、生产制造执行能力、工艺质量优化能力、产品售后服务能力、物流运输调度能力，最终实现数字化、智能化转型。

五星汉云，国家级工业互联网平台

2016 年开始，徐工信息的服务对象已经不仅仅局限于徐工集团以及其客户，而是扩展到其他设备领域，甚至已经跳脱了工程机械这个范畴，开始覆盖诸如有色金属生产行业、化工纺织行业、零部件生产行业，乃至环保、农业等行业。2017 年至 2018 年，汉云工业互联网平台赋能突破建筑施工、新能源汽车、港口等行业，行业版图持续扩张。

截至 2019 年上半年，徐工信息汉云工业互联网平台上连接的工业设备总量已超过 70 万台，覆盖 63 个细分行业，赋能企业超过 950 家，辐射 20 多个国家，企业收入每年可达到近 60% 的增长。

在汉云平台上，可以实时看到每一台设备的运行情况，比如设备是否开机、开关机时间、是否出现故障等。通过一张地图展现在我们眼前的时候，它反映的不仅仅是徐工集团的设备运行情况如何，还是全中国，乃至全球的基础建设情况，简直就是一张经济发展活跃度的活地图。徐工信息的能力，也在更大范围内得以发挥。

张启亮介绍，目前汉云工业互联网平台已经形成四大特色：一是广泛、快速的设备接入能力，广泛适配多种数据制式，实现移动设备和生产设备快速大批量接入；二是将标识解析与工业互联网融合；三是从状态监测、故障诊断、远程运维、预测性维护、能耗优化等方面为设备赋能，提升设备的管理、运营能力，成为设备管理 App 专家；四是沉淀了丰富的机理模型，大量通用化、标准化工业机理模型，可以直接提供给用户或者合作伙伴使用。

2019 年 2 月，汉云工业互联网平台被评定为"工业互联网平台功能性能评测五星级平台"荣誉（见图 15-5），五星级工业互联网平台全国仅三家。汉云工业互联网平台收获了国家、省级近百项荣誉：2018 年国家工业互联网创新发展工程首批支持企业；赛迪"2018年中国工业物联网十大工业云平台前五"；2018年"年度最佳工业互联网平台"（金工奖）；长三角区域三省一市领导签署的首批"长三角集群联动战略"工业互联网平台；江苏省"2017年度十大互联网创新力产品"第一名；徐工信息云 MES 荣获"中国手机应用天鹅奖"（见图15-6）（首个摘得"天鹅奖"的工业互联网应用）等重磅荣誉。

图15-5　汉云工业互联网平台获评
"工业互联网平台功能性能评测五星级"工业互联网平台

图15-6　徐工信息云 MES 荣获"中国手机应用天鹅奖"

与此同时，在新技术方面，徐工信息也没有停止探索。张启亮认为未来人工智能、区块链、5G 都是工业从信息化走向智能化的助力和工具，"所以我们必须去研究它、拥抱它，吸纳它为我们的平台所用，从而使我们的汉云能够更好地为工业企业赋能"。

第十六章
智能家居终将落地

　　智能家居出现了 20 年，不温不火了 20 年。2014 年后，大量巨头入局，让智能家居希望再燃，但是依然无人知晓这个行业何时能够爆发。在该行业奋斗近 10 年的它，却用近 400 家门店告诉大家，智能家居正在落地。

2018年年底，华为在其 AI 生活品鉴会上揭幕了"方舟实验室"。方舟实验室是一个面向消费物联网领域智能产品互联互通的研发实验室，主要支持接入华为 HiLink 智能家居互动平台的智能硬件产品之间，与 HiLink 互联互通。华为此举，标志着其开始全面进军智慧家庭。此前，阿里、腾讯、京东、小米、海尔、美的等互联网、手机或家电行业巨头，以及三大运营商，乃至视频监控厂商海康威视、大华等均已推出智能家居业务。从 2010 年开始，近 10 年间，智能家居行业的先行者完成了从创业企业到行业领军者的切换。其中 UIOT 超级智慧家已经开出 22 家直营店、300 多家加盟店，并且营业收入每个月有 30% 的增长，发展优势较为明显。这些都预示着智能家居的春天真的要来了。

智能家居的 10 年困境

对智能家居最早的具象，是 2010 年火遍全网的一个视频：用诺基亚 N8 遥控的 9 平方米豪宅。此后不久，诺基亚退场，但是智能家居的概念却火了起来。

关于智能家居概念的起源，有人说始于 20 世纪 90 年代，有人说开始于 2000 年后，也有人说 2010 年后。但是，不管源于何时，智能家居一直到现在都没有真正发展起来。从事智能家居事业的公司无数，但是没有一家收入过百亿元的企业，不仅没有过百亿元的企业，连过十亿元的企业也没有，确切地说，所谓的行业龙头，年收入也只能徘徊在六七千万元。智能家居动辄"万亿元"的市场规模，仅仅停留在分析机构和媒体的口中，没有哪家企业真正"瓜分"到。

在中国著名知识问答平台知乎上，"智能家居为什么发展不起来？""智能家居发展瓶颈"等话题都高居榜单前列。对于这样的问题，从业者和媒体对外的统一口径是："用户没有真正的需求"，或者"市场还需要教育"等，总结下来，就是用户和市场的问题。这就造成了智能家居"圈内热"的现象。但是知乎上的"大神们"给出了比较贴合实际的回答：技术不行，产品不行。

UIOT超级智慧家的董事长叶龙验证了这一观点："大部分智能家居产品最大的问题是技术、系统不稳定。比如你卖出去的智能家居产品，一套里面有50个节点，门锁、开关、窗户、窗帘、灯等，每10天就有一个节点出问题，要报修，用户能有好的体验吗？"他表示这在圈内尽人皆知，只是大家都秘而不宣。"所以没有企业敢真正地去卖产品。致使整个行业的业务模式变成厂家卖货给经销商，或者代理商，经销商压货。一批经销商玩不下去了，再换一批，俗称'割韭菜'。""经销商被拖死的同时，厂家也做不起来，就这样恶性循环。""在这样的情况下，智能家居发展不起来是正常现象，发展起来才不正常。"

UIOT超级智慧家：必须把产品卖出去

15岁就考上北京大学的叶龙，毕业后一直在IT、智能化领域工作，先后供职于曾经的知名教育软件公司科利华、交通设施公司海伟集团，以及智能交通领军企业紫光捷通。在任职紫光捷通副总经理期间，他感觉发展遇到了天花板：公司已经做到了行业第三，每年几个亿的收入，最多做到行业第一，再多几个亿，仅此而已。在这样一个市场规模本来就小的行业，"能力得不到发挥"，"想要找一个市场空间更大的行业去验证自己的能力"。当时是2010年，智能家居的概念开始火起来。但叶龙不是一个跟风的人，他选择智能家居是有自己的考量的。首先是自己十几年前的梦想："我是一个比较懒的人，关个灯还要跑来跑去，让我无法忍受。"叶龙指着自己的将军肚笑言，"然后我是个IT人，觉得智能家居是可以实现的，所以2000年左右就想创业做智能家居，但是一方面觉得资金不够，当时也不懂融资，另一方面觉得技术不成熟。"从2000年到2010年，叶龙一直在跟踪智能家居的技术发展，到2010年的时候，他觉得技术条件成熟了。同时，他认为这个行业足够大，"是一个会出现百亿，乃至千亿元产值企业的行业"。

因此，2010年，叶龙正式走出紫光捷通，开始投身到智能家居的创业中来。陪着叶龙一起投身到该事业中的，还有他在各个阶段的五位同学。不过创业之初，叶龙就跟大家讲：第一，我们只有1%成功的希望，所以你们必须当作投的这笔钱"没了"；第二，我们要做好连亏10年的准备。叶龙表示，虽然最近10年融资已成为创业的常态，但是他们完全没有融资的概念和意识，即使后来在发展过程中获得了两轮投资，也不是为了解决资金问题。图16-1所示为叶龙。

图16-1　UIOT超级智慧家董事长、CEO叶龙

2011年，叶龙在郑州成立了河南紫光物联技术有限公司，只有研发团队，一直到2014年"决定性产品稳定了"，才开始进行市场布局。2014年6月，紫光乐联物联网科技有限公司作为UIOT超级智慧家的产品营销及对外形象载体，在上海成立。不过该公司正式投入运营又拖了一年之久。原因很简单："因为我必须要产品足够好，"叶龙说，"就是因为一个设备入网问题。当时行业流行的做法是在每个设备上贴一个二维码标签，扫码入网，包括现在也是。但是实际应用中这种方式会带来很多问题。""一方面，每个设备都有一个唯一地址，和它的二维码标签是对应的，一年生产几百万个产品，贴标签的时候不可能不出错，哪怕只有1%的错误率，用户体验就会变差。另一方面，有时候设备需要检修，检修后需要再次入网，这个环节也会出现问题。比如，开关面板灯设备都安装在墙上，装修时可能设备的二维码已经被污染，或者被破坏了，无法再扫描识别，这个时候只能将设备寄回厂家，查询原地址码，来来回回，不管对厂家还是用户来讲都是损失。""就为了解决这些问题，我们又耗费了一年半的时间。""现在我们的产品，全部都是按键入网，每个产品上都有一个小按钮，按5秒，就接入网络，再按5秒，就退出网络。"图16-2所示为UIOT超级智慧家单品。

图 16-2　UIOT 超级智慧家单品

这只是 UIOT 超级智慧家在实现"把智能家居产品卖出去"这个目标中的一个小细节，类似这样"追求极致"的事件，天天在 UIOT 公司上演。原因只有一个："从事智能家居这么多年，最终用户不愿意买单，根本原因是系统不稳定，产品不够好，"叶龙表示，"UIOT 超级智慧家就要解决这个问题，让最终用户买单才是智能家居的正道，所以在技术上的投入，我们是不惜一切代价的。"

22 家直营店，300 多个加盟店，提前实现赢利

2019 年，UIOT 超级智慧家赢利了，并且收入每个月以 30% 的速度增长。这打破了叶龙创业之前"亏损 10 年"的"预期"。"我们是真的卖给最终用户。"叶龙强调。

2018 年年底，UIOT 超级智慧家亮出了自己的成绩单：用户已达百万量级；与百强内的地产企业合作了超过 200 个楼盘；已在全国开设 22 家直营示范店，渠道伙伴在全国开设 300 家高端建材体验店，均位于红星美凯龙、居然之家等高端建材商场，为当地消费者提供智慧家庭实景互动体验。图 16-3 所示为 UIOT 超级智慧家旗舰店。

说到赢利，叶龙表示："这验证了我当初线下开店的决策是对的。""当我们准备打市场的时候，我就决定一定要开线下店，当时在郑州东建材市场开了 8 家店，但是没有客流，效果并不好，后来就准备到高端家居建材市场红星美凯龙开店，不过红星美凯龙的店面一直紧张，后来拿了红星美凯龙的投资，才拿到了店面。"所以，UIOT 超级智慧家的线下旗舰店几乎全部开在红星美凯龙里面。

图 16-3 UIOT 超级智慧家旗舰店

这过程中间有很多人劝叶龙，现在都走电商销售，线下开店是一件很危险的事情，投资大，并且直面最终客户，风险大，因为几乎所有的智能家居厂家都是通过代理商销售的。"很多人觉得我傻，"叶龙说，"但我就是坚持，因为我对自己的产品有自信。我们 2015 年 10 月做的一个智能酒店，到现在也没出过问题。""其实前期我们也走过代理商路线，发现大家卖不掉，因为太多不良产品，已经把智能家居的市场搞乱了，用户对智能家居产生了整体质疑。""那我就自己卖，也就是两三年间，我们一口气开了 20 多家直营店，发展了 300 多家加盟店。从来没有走过线上销售。""虽然为此我们确实亏损了上亿元，但是现在结果出来了，我们的路线是对的。""所以 2019 年我们会开到 50 家线下直营店。到时候可能我们每个月的收入就不止 30% 的增长了。"

在与叶龙的交流中，他反复提到一个点：系统稳定性，并认为这是大多数智能家居产品不能落地的根本原因。从目前从业企业的举动来看，这确实是影响智能家居产业发展的一个核心问题，比如华为成立方舟实验室就是为了解决这一问题。此前，阿里也有意向成立智能硬件实验室，似乎与此问题也有关系。当主要从业企业开始朝着这个方向探索，这个问题就一定会被攻克，UIOT 超级智慧家就用自己的方式解决了这个问题，所以真正实现了智能家居的落地应用，同时也让自己步入了良性发展的轨道。除了技术层面，更多大企业的进入，以及地产精装修政策的推行，从一定程度上也降低了智能家居的市场教育和推广成本，也将推动智能家居的快速发展，所以 2020 年后，智能家居行业的发展或许将迎来真正的黄金期。

第十七章
深耕公安智慧化,助力智慧城市

它成立 20 载,成为首批以物联网概念上市的企业。曾经它是知名计算机系统集成商和安防信息化企业。今天,它又是知名物联网技术方案商。20 年,技术环境在变,应用需求在变,但是它未变,并愈强。因为它用成绩证明永不懈怠的信息化系统集成商,就是最有机会的物联网技术方案商。

2016年以来，物联网已经在各行各业进入了规模化应用阶段，在关乎国民幸福感、安全感的公共安全领域更是成为重要手段之一。在物联网技术的基础上，围绕对"人、车、物、事件"的多维感知、汇聚及共享各类数据形成大数据资源池、通过平台及服务赋能应用和实战，使我国公安实现了从信息化到智慧化的跨越。

国内物联网龙头企业高新兴科技集团股份有限公司（以下简称高新兴）瞄准国内安防领域蓝海市场及公安机关深化改革、科技强警的时代背景，将其成熟的物联网、人工智能、大数据、AR等技术及行业运营经验运用到"智慧公安"领域。

在新技术的驱动下，在客户需求不断迭代的发展前提下，高新兴顺势而为，以智能化、物联化为出发点推出了众多贴近客户需求的新产品和新服务，踏上了执法规范化和5G引领智享出行的新征途。高新兴以科技力量赋能公安执法规范化，助力政府部门进一步提高执法质量和执法公信力，努力让人民群众在每一项执法活动、每一起案件中都能感受到公平正义。

高新兴智慧执法体系，助推执法规范化新征程

2019年7月，高新兴正式对外发布了全国首个基于人工智能、大数据的"云+端"智慧执法体系。整个体系的设计思路是"55423"。其中，第一个"5"是指执法流程全贯通、执法业务全覆盖、执法全要素数字化、执法全环节智能化、执法全场景规范化五个全面；第二个"5"是指减负、增效、提能、规范、决策支持五项建设成效；"4"是指服务流、业务流、数据流、监督流四流合一；"2"是指智慧执法办案平台和智慧执法监督管理平台；"3"是指办案中心、案管中心、物管中心。图17-1所示为高新兴智慧执法体系设计思路。

图 17-1　高新兴智慧执法体系设计思路

"通过该体系，可以有效实现公安办案执法的体系化、智能化、精细化和服务化。"高新兴集团董事、执行副总裁、公共安全事业群总裁古永承介绍说。体系化是指把"智慧执法办案"和"智慧监督管理"两大命脉打通，实现对传统执法业务的集约化再造，实现执法流程全贯通和执法业务全覆盖，达到执法全环节、全场景规范化。智能化是指通过 AI、物联网、大数据、云计算等技术手段，建立智能服务、智能应用、知识沉淀等面向基层民警的情景式服务，提升警情处置、案件办理的智能化水平。精细化，即整个体系包含了 600 多个精细化监督点，上千个流程，并可根据不同省、市、区县以及各派出所的要求制定不同的流程；针对同一执法环节，不同地方有所差异的流程可以并存，互不干扰；在系统中满足各个派出所的差异化、个性化需求，又可通过业务和数据的融合实现数据全部统一归口。服务化是指该体系是业界第一个基于微服务、云计算框架实现的执法体系化产品，通过分层、解耦、服务、开放的理念，打造执法生态，支持可持续发展。图 17-2 所示为高新兴智慧执法体系架构。

通过该智慧执法体系，可将执法工作的执法场所、在外执法、涉案财物、电子卷宗、移交起诉、庭审判决、执法公开、行政诉讼复议等所有工作环节和相关地点、物品纳入闭环监督管理体系，做到有警必复、有案必受、有错必纠、有问必查。

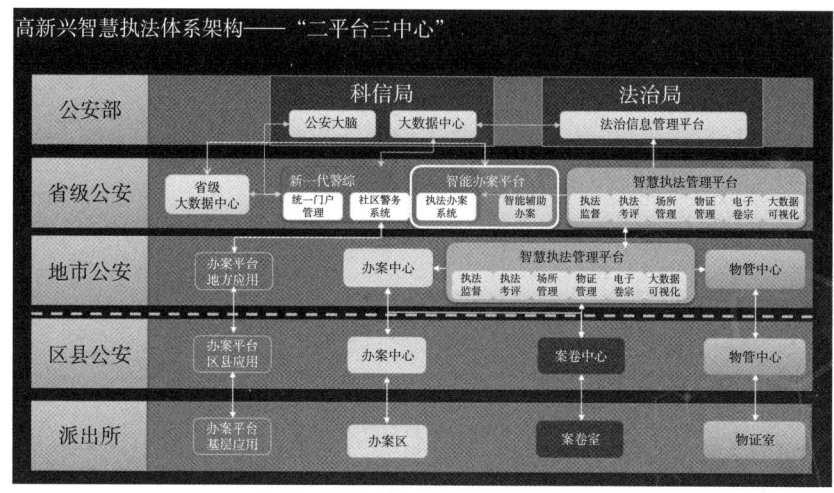

图 17-2　高新兴智慧执法体系架构

高新兴打造该智慧执法体系的初衷是源于我国对深化公安执法规范化建设的需求。2019年5月在北京举行的全国公安工作会议上，更是要求在当前和今后一个时期内，全国公安机关深化执法规范化建设，要积极适应深化全面依法治国实践新形势，以全面建设法治公安为目标，以深化执法规范化建设为主线，以推进执法权力运行机制改革为动力，全面落实严格规范公正文明执法要求，更好地促进社会公平正义、维护人民合法权益。

其实，高新兴较早地就开始了"信息技术赋能公安执法规范化"方面的积极探索，并且在全国各地都已有相关业务落地。"直到2019年才真正向业界推出智慧执法体系，是因为高新兴将物联网、人工智能、大数据等技术与公安业务的融合做了充分的实践和论证，在不断实战中，找到公安执法规范化真正的痛点和难点。"古永承介绍说，"当然，这个智慧执法体系能够成功推出，应该说是公安系统的同仁们和高新兴执法体系团队共同的智慧结晶。"古永承之所以这么说，是因为在过去的十多年间，高新兴的公安产品和信息化解决方案在全国20多个省、超过400个地级市的相关项目中都有大量应用，这些项目的积累都成为高新兴把握公安信息化方向的重要依据和宝贵经验。也就是说，随着对新技术和公安业务需求融合探索的不断深入，"智慧公安"已进入全面发展的新阶段。而高新兴智慧执法体系便是"智慧公安"的重要组成部分。

细数风雨 20 载，坚持用技术赋能公共安全与大交通

智慧执法体系只是高新兴智慧公安业务板块乃至整体战略发展的一个缩影。1997 年成立，2010 年以"物联网概念"上市的高新兴，在其 20 多年的发展历程中，先后在通信、安防、平安城市、智能交通、车联网等领域都有不小建树。更重要的是，在此过程中，物联网的理念一直伴随其成长发展，并且深入其骨髓中。即便早期物联网概念还没有出现时，高新兴已经从事了大量的"物联网业务"。正如高新兴董事长刘双广所言："高新兴并非传统意义上的安防企业，而是一家面向智慧城市的物联网产品与服务提供商。"

早在 2000 年年初，高新兴在业内首次提出"融合监控"的概念，并以该理念，进入通信安防领域。也正是该理念为公司埋下了物联网的基因。随后，其通信基站/机房监控的产品在电信运营商、广电、电力、公安专网等行业得到了广泛的应用。此后，高新兴又在业内率先推出了"基于 2M 总线环模式的集中监控系统"及"基站/机房监控及维护管理信息化综合解决方案"的产品。

2010 年 7 月 28 日，高新兴在深圳创业板正式上市。上市之年，是其战略转型的开始，同时也是其崛起之年。高新兴当时的转型方向——从通信监控走向大安防，在后来被证实为极其正确的选择，更不要说当时选择的切入点是"平安城市"。当时基于公安部"3111"工程的不断推进，平安城市建设在全国范围内进入高潮。据公开资料显示，2009 年中国的安防行业市场规模为 1496 亿元，平安城市约占 20% 以上的份额。

2011 年，高新兴开始进入智能交通与车联网领域。2014 年，4G 开始大规模商用，高新兴适时加大了在通信行业的投入，开始布局通信芯片和模组。2016 年 7 月，面向物联网的移动通信技术——NB-IoT 标准冻结并商用，让物联网产业迎来了第二春。2017 年 10 月 12 日，高新兴独中 NB-IoT"宇宙第一标"，总规模高达 50 万片。上市 9 年后，高新兴的营业收入从 2009 年的 4.2 亿元上升到 2018 年的 36 亿元，复合增长近 30%。高新兴以技术立身，高度重视创新研发，拥有七大产品研发群、四大研究院、七大研发中心。高新兴强大的研发创新和投入，是其持续发展的引擎。截至目前，公司研发人员 1400 多人，占全集团总人数比

例超过35%，本科以上学历的研发人员占比88%，2018年度研发投入总额为4.06亿元，占营业收入的比例为11.39%，比上年同期增长112.99%。

2018年年底，高新兴再次进行了战略调整，而这次调整的目标是——成为全球领先的智慧城市物联网产品与服务提供商。"多业务融合创新，聚焦发力"是这次调整的初始目标，而"执法规范化"和"车联网"成为集团发展的两大主航道是调整的最终结果。

把握时代脉搏，聚焦执法规范化和车联网

刘双广表示，目前高新兴的发展方向非常明确，"主要发力点很清晰，即聚焦公共安全领域的执法规范化业务和大交通领域的车联网业务，这也与国家整体产业发展方向吻合"。

在"公安信息化""科技强警"等战略指导下，高新兴以"支撑公安实战、助力科技强警、服务公共安全、赋能执法规范化"为目标，致力于为社会公共安全提供强有力的科技武器支撑。在公共安全领域，高新兴拥有近20年的技术积累和项目经验。2016年，公共安全上升至国家战略，高新兴以视频大数据、人工智能、AR等技术为核心竞争力，在原平安城市、雪亮工程、公安信息化的基础上，积极打造执法规范化系列产品和解决方案。目前高新兴已推出包括智慧执法体系解决方案、立体综合防控方案、智能办案区管理方案、AR实景大数据平台、移动执法视音频解决方案等系列化的产品和解决方案，并在公安行业已有众多的成功应用。

执法规范化建设是基于全面依法治国和建设法治公安的目标要求，也是公安智慧新警务建设的重要应用之一。高新兴作为广东省智慧新警务的参与企业，不断地运用新思维、新科技、新方法推动公安信息化工作，尤其是在最近几年，用物联网、大数据及人工智能等新一代信息技术赋能公共安全。

在车联网领域，V2X（Vehicle to Everything）概念风云正起，随着自动驾驶、5G技术的精进以及政策不断加持，网联汽车的发展速度将会加快，有分析预计，到2020年将会有50%的汽车实现网联化，到2050年将实现汽车网联化全覆盖，车联网将迎来千亿级市场。

而高新兴在车联网领域已经占据了先发优势，拥有足够的产业纵深度，因为在过去近 10 年的发展中，高新兴针对交通要素的"人、车、物、交通设施"零散化特点，以自身在车联网设备、交通管控和汽车电子标识方面的经验优势和技术实力，已经实现了"人—车—路—网—云"的高度协同。目前，高新兴车联网业务已经形成了包括车载终端、路侧设备和交通管理解决方案在内的较为完整的车联网产品体系，并且在中国车联网领域已经处于领军地位。车载单元有前装的车规级模组和 T-Box 车载终端产品，后装的 OBD（On-Board Diagnostics，车载自动诊断系统）终端产品。在前装市场方面，高新兴已经成为吉利、长安、比亚迪等国内大型整车厂商，以及延锋伟世通——国际 TIER1 的合格供应商，提供了高品质的 4G 车规级模组和 T-Box 终端，实现了前装车规级产品规模化应用。在后装市场方面，高新兴与欧洲、北美多家著名 TSP、MOJIO、OCTO，顶尖通信运营商 AT&T、T-Mobile 展开合作，推出面向汽车后装市场的车载诊断系统产品 4G OBD 和 UBI（Usage Based Insurance，基于驾驶行为的保险）。

总体而言，高新兴拥有从需求模拟到研发、测试、生产、制造完整的体系及能力，在车联网的车载端拥有绝对的优势，无论在前装市场还是后装市场，都取得了国内外著名企业的支持和认可。刘双广透露，预计到 2020 年，车联网业务的收入将会占集团营收的 1/3 左右。

5G 加持，借物联网构建更安全、更智慧、更美好的城市

2019 年，5G 成为整个信息技术产业界最大的期待。不同于 1G 到 4G 时代的移动通信技术，5G 设定的应用场景是"面向万物互联"。其中 URLLC（Ultra Reliable Low Latency Communications，高可靠、低时延通信）标准更是主要针对无人驾驶、工业自动化等需要低时延、高可靠连接的业务场景。也就是说，车联网有了自己的通信标准。

在 5G 的加持下，交通路侧将面临一场感知变革。为了帮助车联网运营方构建人、车、路、网、云等多维协同的 5G 车联网，高新兴将打造一套自下而上，

从设备层、网络层到平台层的车联网整体解决方案，实现全息数据服务、全域智慧感知、全网信息发布和全时数据监测，从而协助政府更加高效地管理城市交通，提高交通效率，改善驾驶者的汽车驾乘感受和生活出行方式，提高行车安全性，增强民众生活的便捷性和娱乐性。

"美好生活"是人们在新的历史条件下的新追求，而安全是人民实现美好生活的基础。近些年来，中国一直被认为是世界上最安全的国家，这与近20年以来国家对社会公共安全领域的重视和投入是密不可分的。随着社会环境的发展变化，人民群众对安全、法治等要求越来越高，国家和政府对安全社会环境的构建从金盾工程到平安城市，再到雪亮工程等硬举措，上升到了公平执法、执法为民、民主正义等软行动。

高新兴智慧执法体系解决方案便立足于"科技强警"战略和"公安大数据"战略，依托执法办案平台建设，通过流程再造，推动实现执法办案管理中心建设和全覆盖，助推公安执法提档升级，实现公安法治化建设向高质量发展，助力政府部门进一步提高执法质量和执法公信力。

至此，高新兴以成为"全球领先的智慧城市物联网产品与服务提供商"为愿景，聚焦公安执法规范化和车联网两大主航道，助力为国家和人民构建更安全、更智慧、更美好城市的新征途正式启航。

第十八章
做有"温度"的物联网

在物联网时代,有些企业通过打造庞大的系统,解决复杂的问题,有些企业构建"神经末梢",将一个细分领域做到极致。有一家企业专注于用物联网技术解决人们生活生产方方面面"以温度为衡量标准"的问题,助力构建社会生态的"温度神经"。

当全球温度升高一摄氏度的时候，非洲大陆冰雪荡然无存，北极熊、海象和环斑海豹，从地球的北端销声匿迹；温度升高二摄氏度，从鲭鱼到须鲸淘汰出局，格陵兰冰原彻底消融，全球海平面升高七米；升高三摄氏度，亚马孙河流域热带雨林大部分会在大火中被烧毁，数千万或者数十亿难民会从干旱的亚热带地区迁移到中纬度地区；升高四摄氏度，整个北冰洋冰帽也会消失，全球海平面会又提高五米，伦敦周边夏季气温将达四十五摄氏度；升高五摄氏度，两极均没有冰雪存在，南极洲中部可能有森林生长，海洋中大规模的物种灭绝，大规模海啸摧毁海岸；升高六摄氏度，高达百分之九十五的物种将会灭绝，包括人类。

——《改变世界的六度》

不经意间专注"温度物联网"多年

"做有温度的物联网"，是最近一次和上海米尺网络创始人裘勇刚交流时，他对米尺业务的定义。"这个定义是受美团王兴的启发。"裘勇刚笑言。

这个启发始于 2018 年 7 月王兴关于宏观经济与企业发展之间关系的内部讲话。他在讲话中举了一个温度的例子。大意是说人的大脑能承受的温度上限是 42 摄氏度，如果超过 42 摄氏度，大脑中的蛋白质就会发生质变，人就会变痴呆；心脏能承受的温度下限是 35 摄氏度，如果低于 35 摄氏度，心脏就停止跳动了。如果地球与太阳的距离变近 1%，或者变远 1%，就可能带来超越人体能够承受的上下限温度的变化，这个时候人类就可能灭亡了。

从宏观到微观，温度这个和空气、水一样关键的生存条件，同样影响着整个人类社会的命运。

那么关于温度的物联网服务是不是有机会从微观上去改善一个企业的产品质量，改变的企业足够多了，从而从宏观能为国家提供社会价值？

"非常有可能。"裘勇刚的回答很干脆。"米尺从 2015 年成立到现在，从事的物联网业务领域，包括餐饮、商场、超市、酒店、医院，还有冷链运输、实验室、博物馆、电气柜，甚至还有药厂、烟厂等，覆盖了智慧城市的很多方面，看似很杂，但是有一条主线一直没变：围绕温度数据为核心展开的服务。比如在餐厅，实时监控着的后厨冷库的温度，不同用途的冷柜、保温柜的温度，随时在为餐厅保障食材新鲜与食品安全；而在商场则与中央空调的温度相关，用于节能，或提供让人舒适的环境；冷链运输车，正是与全社会外卖、生鲜的大规模普及有关，保障食品温度才能杜绝重大社会食品安全事件；博物馆、文物藏品也对温度非常敏感，书画、青铜器在不同温度的环境下保藏非常重要，保藏的温度高 2 摄氏度，价值连城的古文物很可能就毁掉了；电气柜里主要管的是电缆的温度，电缆温度过高也是引起火灾的主要诱因之一；在卷烟厂和制药厂这样的工厂里面，要防止产品制造与厂内物流运输过程因为温度原因导致的产品变质。"图 18-1 所示为米尺的空调曲线看板界面。

"当我们发现我们做的全是'围绕温度为核心数据的管理'后，就觉得在很多'2B'行业的现场管理，温度确实重要，不仅仅是对人类本身重要，对人类赖以生存的物质条件来说，同样重要。"裘勇刚表示，"比如我们在餐饮行业以及电商平台的冷链运输和仓库中基于温度管理做的物联网应用，实际上涉及的就是食品安全的问题；电气柜里面的电缆温度管理，很多建筑楼宇都需要，这个就涉及消防安全。""看起来很简单，就是一两摄氏度变化的'监'与'控'，但后面都是关乎国计民生的大事。"裘勇刚笑言，"就像王兴讲的，每一种物质都有一个合适的温度带，离开这个温度带，这个物品可能就会变质，比如鸡肉在 0~5 摄氏度的冷藏库可以保存 2～3 天，而在零下 18 摄氏度的冷冻库可以保存 360 天，-20～-18 摄氏度就是它的最长保藏时间的温度带；有些药品要求在冷库中储藏，比如疫苗的温度带是 0～8 摄氏度，低于 0 摄氏度或者高于 8 摄氏度，疫苗就被毁坏了。"

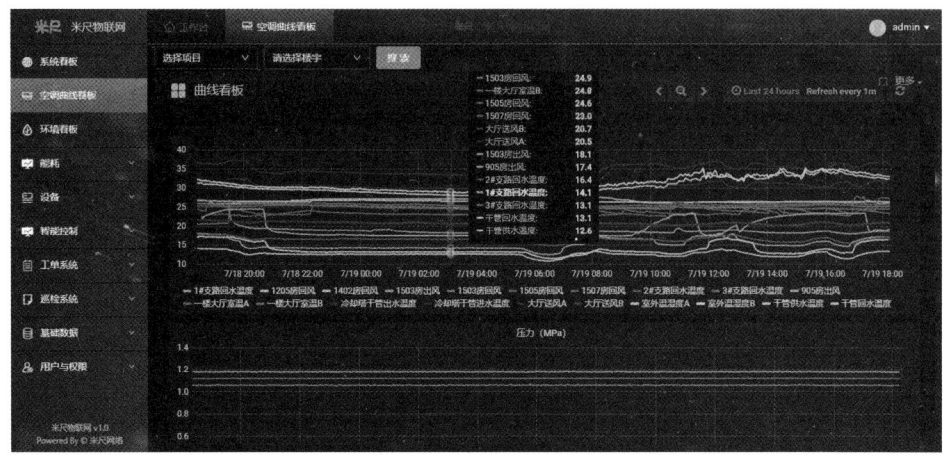

图 18-1 米尺的空调曲线看板界面

两年上百个"小白鼠",花落温度管理

上海米尺网络技术有限公司显示的注册时间是 2015 年 8 月,不过正式启动却是 2016 年。因此 2016 年,公司基本处于验证阶段,产品的搭建处于高速迭代期。由于裘勇刚早期作为 Synnex、Honeywell、Wavelink 等美国 500 强高科技企业中国区高管或负责人的工作经历,所以他很早就对 GE 的工业互联网平台 Predix 进行了研究,但很快在落地过程中发现,有些产品并不适合中国的国情,因此自主研发的物联网平台 Ankaa IoT(其架构图见图 18-2),以更加实用、落地的中国企业的需求逐渐搭建完成。从给国家西气东输的管道内外温度监测的安全管控项目的初代产品架构,到完善国家新农村建设数万个厕所的温度与电流数据的实时处理至第二代,平台的大数据能力已经接受了考验。

"但是后来我们慢慢意识到太大的项目,创业公司很难有战略耐心与定力,关键不是技术问题,是不确定性实在太大,且周期实在太漫长,我们耗不起也等不起。我们几个创始人在技术领域有 20 年的经验积累,技术上是难不倒我们的。"裘勇刚回忆说,一方面,当时工业互联网、企业物联网都还处于早期,再加上受 GE Predix 平台和西门子 Mindsphere 平台的影响,大家都跃跃欲试,但基本都是以试点项目为主,很难有足够的经济效益;另一方面,中国很多大型企业,都

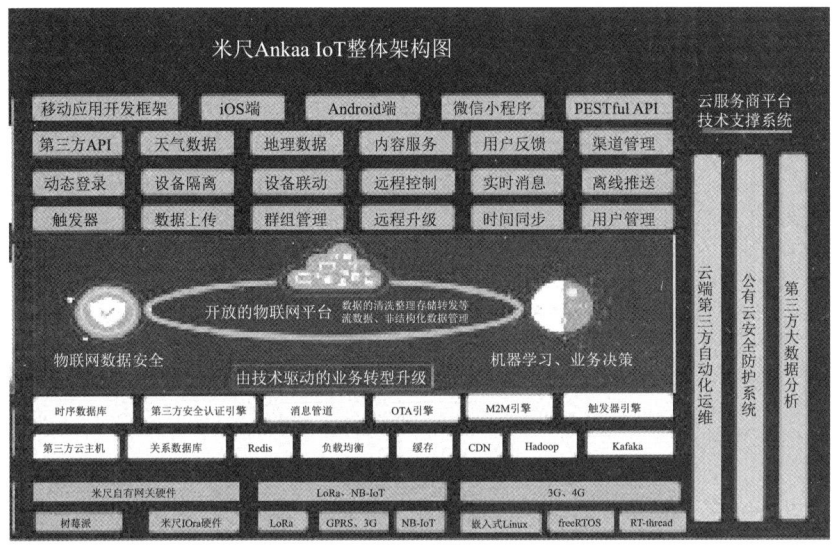

图 18-2　Ankaa IoT 架构图

有合作多年的信息化供应商,像米尺这样的创业公司,也只有通过服务商才有机会给这些大型企业提供服务,但通过中间层,需求的把握会出现很多误差,导致产品化走了很多弯路。同时,利润也减少了很多,特别是产品化还不成熟的阶段。

"甚至更严重的,有些企业表面上说要跟你谈合作,等你把方案、技术细节都给了他们,他们回头开始自己搞研发。在企业级服务领域,'know how'(知道怎么做)比技术重要,融合技术架构和业务逻辑的产品与方案创新非常非常难,但抄袭很容易。"

裘勇刚透露,最初很多企业来找他们合作,但常常 PPT 和方案写完后就不了了之。进入大型企业的核心领域有些难以逾越的门坎。"在认清这个事实后,米尺的几个合伙人经过讨论,决定退出大大型企业项目,转而寻求纯市场化的机会。"物联网这么大,总归能够找到可以让米尺发展壮大的领域。"此后,裘勇刚就开始四处寻找新的机会。"两年内找了上百个'小白鼠'。"裘勇刚在后来的采访中笑称,"从地下管廊到仪器仪表,从节能环保到能源管理,百十来个试点应用,其实我们就想找一个可以深耕的领域。"

2017 年,米尺接了一个连锁超市温度监控的项目,一方面是对商场空调出风口的温度进行监控，保障空调运行；另一方面是对商场里一些保存食品的冰柜、冷藏库、冷冻库进行监控。这个项目仅在华东就有 59 个分店，这可以算作米尺第一次得到来自市场自发需求的"温度管理"业务。不过当时，米尺把温度管理想得很简单，"不就是监测一下报个警嘛"。所以接下来按照这个定位，米尺将此业务开展到了上百个超市内。"说起来都很简单，实际执行的时候，困难重重。比如在零下和高温，甚至超高温的状况下，传感器差异很大，数据差异也很大，怎么安装，怎么清洗数据，怎么对不同的温度异常进行报警，除霜时怎么判断，要不要报警等，一开始真是焦头烂额。"裘勇刚介绍说。但随着应用的成熟，全球最大的餐饮集团找上门来，"餐饮对食品温度管控的需求是最大的，因为餐饮变化太快了"。裘勇刚表示这是他没有想到的，"其实刚开始根本就看不上这个领域，直到我们与该餐饮集团合作后，发现餐饮这个领域的学问非常大，并且对温度管理的需求很强烈，也很敏感。"图 18-3 所示为某知名餐饮集团温度管理平台。

图 18-3 某知名餐饮集团温度管理平台

一方面，该餐饮集团作为领军快餐连锁企业的表率，对门店的空气质量、新风和空调系统的联动很敏感，因为这个直接关系到客人的用餐舒适度，所以对每一个环节的要求"细微到你不敢想象"。"比如客人推门的瞬间，门口的风幕机马上开启，5 秒后关闭，保障空气流通，同时为下一位客人推门预留时间。"

不过这还不是最重要的，"对餐饮业来讲，最重要的温度控制在后厨。"裘勇刚举例说，保鲜柜的温度要保持在20摄氏度以下，食物保温柜的温度要保持在50～60摄氏度等。基于此前米尺在这个方面大量的项目积累，"2天就能完成一个门店的软硬件部署，硬件方面是米尺自主研发的LoRa网关和节点，软件就是Ankaa IoT 平台"。裘勇刚透露，2019年，米尺在餐饮、食品安全领域的落地应用合作企业越来越多，比如肯德基、海底捞、汉堡王、7fresh等，还有某知名外卖平台的物流配送前置仓等。

管的不是温度而是服务，是将设备管理纳入人员管理体系中

"首先，我们不是去帮他们设置温度的，而是借助物联网手段，将以温度为主要考量指标的设备管理，纳入到企业既有的人员管理体系中。"裘勇刚如是说，"这是一个非常有意思的事情。比如以前没有物联网手段的时候，企业主要是管人，然后通过管人来管理设备；现在通过物联网手段，给设备安上了传感器，平台可以采集到设备的实时数据，并且通过各种各样的通信技术，可以把数据传出去，人和设备，计算机和设备，设备和设备之间，就可以通过数据进行直接对话，设备就可以被纳入到企业的管理体系中，进行直接管理，甚至还可以通过设备的真实语言，来完善对人的管理。"图18-4所示为平台对设备的管理。针对不同用户，平台的展现也不同，见图18-5。

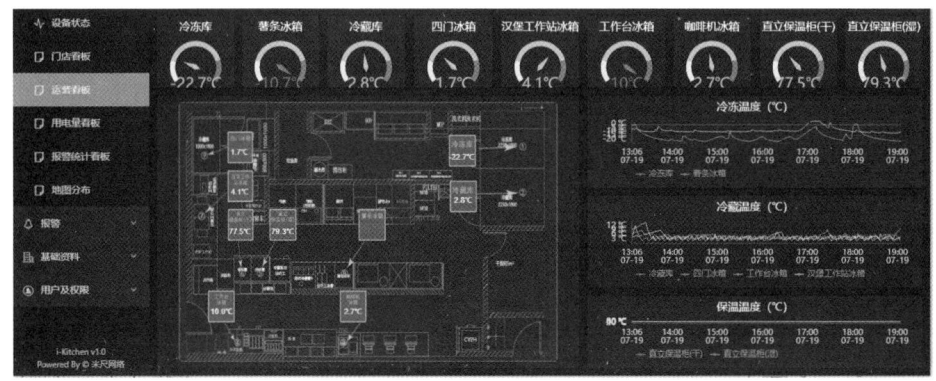

图18-4　平台对设备的管理

图 18-5　针对不同用户，Ankaa 的展现也不同

"以前，人是完全凌驾于机器之上的，现在机器和人形成了一种趋于平等的关系，关键是这种革命性的变化，竟然是通过这么细枝末节的应用体现出来的。"裘勇刚说其实他们给某知名餐饮集团、海底捞这些企业做的事情很简单，就是冷链车或冰柜温度超过某个界限，就会在企业既有的管理系统 App 或者微信小程序中发出告警。首先是给车辆或门店直接管理人员发送告警，如果超过一定时间，还没有人去处理这个问题，那么就会给上一级管理人员，比如车队队长、门店店长，发送告警，如果还没有处理，就给再上一级管理人员发送。如果出现了重大问题，比如门店出现电气火灾，属于应急事件，信息会直达总经理。"其实是帮助他们实现管理透明度问题，他们担心的是什么？是食品安全、消防安全，以及节能环保这些事，这些事很容易引发连锁反应。比如那些冷链车、冷柜、冷库，因为忘记关门或者设备故障，导致温度升高几个小时又没被发现，温度每升高一摄氏度，电量等比增加，食品很容易就变质，轻则丢弃一车或一个冷库价值数万元的食品，重则引发食物中毒，导致停业整顿，甚至破产。随着中国食药品监管的日益严格，对冷链每个环节的科学强监管将是必然趋势。"

以前靠人管，规章制度再完备，也做不到完全的精细化管理，但是设备状态、环境与现场管理的信息透明化，小到一个公司，大到一个城市，真的是可以做到"绣花针式"的精细化管理。而米尺所做的就是通过物联网的手段将物理世界的"温度神经"数字化，让管理"更透明、更智能、更精细"的需求同时成为未来数字世界的一个支点。

第十九章
工业物联网平台的"减法"法则

伴随工业互联网概念的兴起,工业物联网终于找到了自己的一席之地。其中工业物联网平台成为从业者角逐的核心。当大部分角逐者都将增加平台的"厚度"作为追逐目标时,这家企业却通过"做减法",取得了突破。

2012年物联网概念热度不再后,智慧城市、智能硬件、工业4.0等概念又先后兴起,看似物联网被边缘化,实则是唤醒了物联网的三大应用领域。至2016年年中,面向物联网的移动通信技术——NB-IoT标准冻结,让已经处于新兴信息科技产业概念边缘的物联网重新焕发生机,并且引发了物联网应用侧概念的繁荣,其中最为引人瞩目的当属工业物联网。同时,由于2017年物联网平台被作为物联网产业入口而引起各个层级的企业竞相"追梦"。其中工业物联网平台,由于出现最晚,还未被资本"洗礼",所以成了资本和大企业,以及创业企业逐鹿的核心。然而,2018年,资本热潮一退,便是一片哀鸿。而创立于2016年的上海明牛云科技有限公司(以下简称明牛云)却能躲过一劫。图19-1所示为明牛云的宣传海报。

图 19-1　明牛云的宣传海报

不贪心,只解决 0 到 1 的问题

明牛云创始人韩磊,是一个善言之人,并且极其有说服力。从另一个方面说

明，他的逻辑思维能力很强。"我自己是制造业出身，所以在选定制造业作为目标行业进行创业之前，就找大量的相关企业进行过交流，比如大家对物联网有没有需求，最想解决的问题是什么，最大的顾虑是什么等等。"

经过这些"调研"韩磊发现，对于"设备联网"和"数据上云"，制造业企业是普遍有需求的。但是，它们的需求和大部分物联网平台企业臆想的需求不一致。

"比如说数据上云，很多工业物联网平台企业想的是让用户的数据上它们的云，但用户想的是上自己的云，因为用户会考虑安全和隐私的问题。虽然很多平台承诺不碰用户数据，但是用户是不相信的，尤其是现在大家已经洞悉了'通过用户数据创造商业价值'这样的互联网思维真谛以后，与数据相关的事情就变得异常敏感了，企业用户可不像消费者那样好'忽悠'。"韩磊在某次交流中分享了自己的调研结果。

韩磊说的是事实，看看互联网时代给我们带来了什么？建一个平台，集聚用户卖东西，或者卖广告，甚至直接卖用户数据。当然，用户也从中得到了实惠和便利，如果没有平台，这些实惠和便利是无法得到的。比如，如果没有电商平台让厂商直接面对用户，并且同时面对来自全国各地甚至世界各地的用户，那么用户就无法以更低的价格购买产品。给用户推送广告，没到惹人厌烦的地步，也可以算作一种比较"贴心"的体验。换句话说，就是"平台对个人的赋能价值超过了平台榨取个人数据的价值"，所以当"卖用户数据"这件事情被发现之前，个人用户算是默认了平台用自己的数据谋取商业利益的做法。

然而，正如韩磊所说：企业不好"忽悠"，当然是要算算这笔账的。甚至连平台企业自己都没想清楚，在利用企业用户的数据谋取利益的时候，要怎样才能让企业放下戒备心理。所以2017年到2018年，在工业物联网领域充斥着一种新业态——"商业站台"：时不时就会有某信息科技巨头和传统工业巨头签署战略合作协议的新闻，但实际上两家企业并没有真正合作。

"数据的安全和隐私是传统工业企业核心考量的问题之一，"韩磊分析说，"另外一个就是大数据和小数据的问题，就是说现在的物联网发展还远远没有到大数据的阶段。"其实，同样的论断不止韩磊一个人提过，应该说是大部分从事物联网技术和应用解决方案企业的"集体经验"：现在的物联网还处于小数据的阶段。

有两个方面的原因。第一，2016年后，物联网的发展确实繁荣了起来，但其表现是更多的应用领域被唤醒，而非全面应用。在很多领域都是以试点的形式存在，当然有些领域除外。比如关乎国计民生的领域，安防、交通、电表、燃气表等，其中有些已经试点了多年，才进行大规模应用的。像安防行业，2005年就开始平安城市的建设试点。实际上大部分行业都没有这样的"殊荣"。"尤其是涉及企业，每一个举动都要计算投入产出比，都是有商业考量的。"韩磊介绍说，"另外，这是一个用户和技术服务方共同探索的过程，理论上这个技术有用，能解决某些问题，实际上解决这些问题需要另外一项技术，或者用户原本认为应该解决这个问题，但是在实际应用的过程中，发现其实应该解决另外一个问题，所以技术提供方要随时'在线'，帮助用户来解决这个问题。""在'试点'这个环节把所有问题都理顺了，才能进入小规模应用，套用制造业的术语就是'小批量'，通过'小批量'验证了稳定性之后，才能真正进入大规模应用。"也就是说，这个过程是极其缓慢的，完全没有办法像互联网应用那样"6个月就能集聚大量用户数据"。不仅物联网平台企业只有小数据，物联网应用方也只有小数据。

第二，"先有小数据，才有大数据，并且不是所有数据都需要上云"。对此，韩磊非常肯定。物联网首要解决的问题是物品联网，然后是物品的"监"和"控"。"监"可能都需要上云，但是"控"就不一定要上云了。"比如生产线不同环节之间的衔接，最好能够实现本地控制，如果前一个环节的执行设备把任务完成的数据传到云端，云端再把'执行下一环节'的指令发回给这台设备和下一个环节的执行设备，即使不断网，云端处理速度够快，整个过程也需要时间，更不要说还有1%概率会发生断网，甚至云端崩溃的情况，甚至还有数据丢失的情况，也就是说把'控'放在云端，是不安全的。"韩磊解释说，"这个时候，'控'在本地执行相对就更可取，这就涉及所谓的边缘计算的应用了。""就是说，一些实时性非常强的应用在边缘侧已经被处理掉了，并且是通过小数据的手段，同时有些只对当时应用处理有用的数据，是不会上传到云端的。这就造成了一个结果，一方面，单个企业的'大数据'是需要长期积累的；另一方面，平台企业想用多个用户的大数据去给单个用户赋能，也需要时间积累。""所以你不能天天去跟企业讲，用大数据去解决它当下的应用问题。"

除了数据上云的问题，企业还有很多应用层面的需求，所以最近几年也出现了很多物联网应用开发平台。"这个如果没有个三年五年、十年八年的积累，做平台很难，做做方案还可以。"韩磊说道，"应用层面，行业逻辑太多了，有时候看起来是同一个类型的应用，但是由于场景不同，应用逻辑就会改变，比如同是货物搬运，在这家工厂都是走平路，到了另一家工厂要上几层楼，再换一家要拐几个弯。而真实的工业场景比这个复杂得多。所以没有经历过大量应用的'磨炼'，很难用一个平台来解决所有问题。"

总之，经过大量的行业分析后，韩磊给明牛云工业物联网平台定了方向：首先，不做纵向解决方案；其次，不在没有实际需求的情况下整合各种新技术；最后，将平台工具化，工具动态化。并且只解决工业物联网中从设备联网到数据上云这个 0 到 1 的问题。图 19-2 所示为明牛云的业务定位。

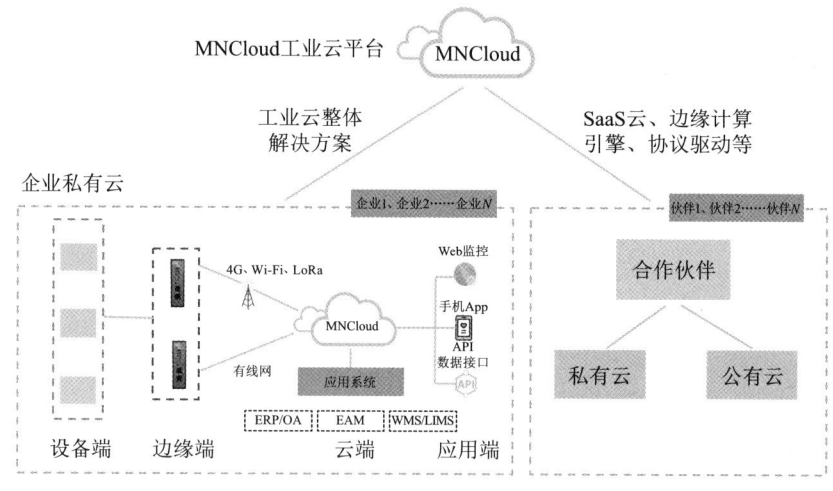

图 19-2　明牛云的业务定位

平台工具化，工具动态化

明牛云是一家以"驱动＋连接＋基础数据处理工具＋基础云部署"业务为核心的技术服务型公司，这是韩磊给自己的定位。也就是说，驱动、连接、基础数据处理、基础云部署构成了明牛云工业物联网平台这套企业数字化升级的基本工具。

其中，"驱动"是指在设备端数据联网、设备互联都需要一套驱动程序。"数据上云无非就两种方式，一种是最前沿的边缘计算技术，把驱动整合在智能硬件中，所有数据本地处理，把处理后的结果传到云端。另外一种是利用透传的方式将数据传到云端，所有数据在云端处理，这种方式一来对云端的要求极高，数据量大了之后，会存在各种问题，如丢数据、响应慢等，这些问题是很难通过后期的技术迭代来解决的，或者说解决这些问题所要付出的代价太大。那么明牛云本着开放的心态，将边缘计算引擎（整合了各种驱动）提供给广大的智能硬件制造商以及软件开发商，大家只需做好自己的事情，无须关注太多底层的技术问题。"韩磊介绍说，"这里面是有较高技术壁垒的，这也是我们的核心价值（见图 19-3）所在。"

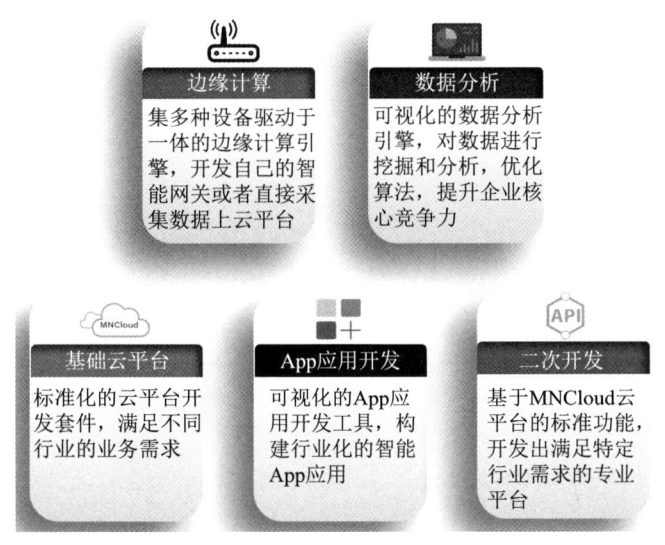

图 19-3　明牛云的核心价值

"'连接'就比较简单了,"韩磊笑言,"无非是实现设备联网,设备互联,但有时也不简单,尤其是工业协议繁多、工业设备提供商是大企业等情况,你去问企业要协议接口,简直是天方夜谭。但是,目前我们已经打通了所有主流的工业协议。"图19-4所示为明牛云已打通的工业协议。

品牌	支持协议	设备型号	远程编程
西门子	PPI总线协议 S7_300_Ethernet S7_Smart_Ethernet S7_1200_Ethernet S7_1500_Ethernet	S7_200/S7_Smart_扩展口 S7_300全系列PLC S7_Smart全系列PLC S7_1200全系列PLC S7_1500全系列PLC	支持
三菱	FX_编程口 FX_串口 QJ71C24N QJ71E71	FX0N/FX0S/FX1N/FX1S/FX2/FX2N FX_485ADP/485BD/232BD 全系支持	
Modbus	Modbus_RTU Modbus_Ethernet	Modbus标准协议设备	
罗克韦尔	DF1 AB_ControlLogix_Ethernet AB_MicroLogix_Ethernet	AB PLC串口 ControlLogix系列PLC MicroLogix系列PLC	
信捷	信捷编程口/扩展口	信捷全系列PLC	
欧姆龙	Hostlink_Fins Fins_Ethernet	CJ/CS/CP/CP1H/CP1L系列PLC	
台达		台达全系列PLC	
永宏	网口、RS232、RS485	永宏全系列PLC	
触摸屏		威纶通、Proface、MCGS等	
仪表类		安科瑞、欧陆、岛电等	
OPC	1.0/2.0/3.0	西门子、江森、霍尼韦尔、施耐德、组态王等	

图19-4 明云牛已打通的工业协议

"基础数据处理工具",分两个层面:一个是面向应用层的,比如提供一些基础的报表服务、本地执行决策、本地的设备安全保障等;另一个层面是在数据传输和上云的过程中,进行加密数据、核实以防漏传或者误传、过滤或归类数据等。

"基础云部署",是指为企业提供满足行业共性需求的物联网平台,同时在部署方面存在多种方式,可以部署在企业自己的私有云上,也可以部署在第三方云平台上,还可以部署在明牛云的平台上,总之就是满足用户不同的需求。

"这几个方面算是明牛云工业物联网平台这个大工具套装下面的小工具,不过每一个小工具下面都还有很多更小的工具。"韩磊介绍说,"这个就能满足用户的动态需求。第一个'动态'是'可拣选',有些工具是用户不需要的,那么他可以不选择;第二个'动态'是'可组合',用户可以根据自己的需求对拣选出来的工具进行二次组合，其实就是二次开发。"不过韩磊坦言，现在明牛云所做的其实是将这套工具再简化，"简化到所有的工具是所有企业的必需"，并且将于2019年年底前推出第一个这样的试用版本。

"其实'动态'还有另外一个含义，"韩磊表示，"就是我们要保证我们的这套工具是可以进行实时远程更新的，不管是我们的边缘计算网关，还是软件应用。"

"同时，用户重视数据隐私问题，所以我们并非让用户接入我们的平台，而是将这套工具提供给用户，有点像以前卖软件吧。"韩磊说道。

明牛云的这种做法，很像云计算刚在中国兴起的2008年到2012年的VMware。2008年开始，一大批创业企业，乃至大企业都扎堆进军公有云，到2012年的时候，几乎全军覆没，唯一的胜利者却是卖私有云软件的VMware，乃至2014年以来，公有云的市场渗透率越来越高，而VMware依然是用户最大的云存储解决方案企业。因为真正使用公有云的企业比例甚少，这也是最近几年公有云存储企业频繁进军私有云和混合云的原因，甚至连阿里云这样的公有云巨头都开始走下"神坛"。"所以说，很多时候，一些事情以这样的方式发生、发展，其实就是一种轮回，尤其是当你面对的是同一类用户，因为人性是不变的。"

第四篇

永不停歇的技术驱动力

第二十章
传感器重生

传感器是物联网的基石。因此,业界普遍认为,物联网应用的爆发将引发万亿传感器时代,同时将推动传感器技术的进步。那么,事实又是如何呢?

传感器是万物互联，乃至万物智联的基础。在中国的物联网规划和战略性新兴产业规划中，传感器都处于战略布局的高地。一方面说明它的重要性。比如，传感器学术界曾预测到2025年，人类社会将进入万亿传感器时代。而且，国际公认，传感器技术是衡量一个国家基础科研能力与水平和是否处在国际战略竞争制高点的重要标志。另一方面说明我国的传感器产业基础较薄弱，从材料到元器件，在低端市场徘徊，而第三次信息技术浪潮引起的"物的连接"的大规模到来，使打破这一桎梏成为当前要务。"传感器是物联网应用的基础，它的创新动力来自于应用端的需求驱动。"说这句话的是上海艾络格电子技术有限公司总经理周光兵（见图20-1），他一直致力于"用文科生思维改变传感器产业发展"。那么传感器能否借着物联网的时代机遇重生呢？一方面是否能够在技术上取得突破？另一方面中国的传感器产业能否实现弯道超车？

图 20-1　上海艾络格电子技术有限公司总经理周光兵

应用需求催生技术突破

世界传感器产业的发展历程，可以追溯到17世纪初期温度计的发明及应用。不过真正意义上的传感器出现于19世纪初期，德国物理学家赛贝发明了将温度变成电信号的传感器，即后来的热电偶传感器。传感器产业真正发展起来是在20世纪初期。中国传感器产业的发展比全球要晚至少半个世纪，在20世纪七八十年代才开始萌芽，到90年代末期才开始进入发展期。因此，2000年初开始进入的周光兵赶上了传感器产业发展的初期。外语专业出身的他，毕业后进入一家半导体集成电路企业从事外贸工作。其间他认识到一个问题：传感器的核心技术都由西方欧美国家所掌握，中国从事这个行业的企业大多只是进行简单的代加工。极小一部分进行自主研发的企业，由于材料、工艺等多方面的原因，产品也不具备市场竞争力。上海艾络格创始团队的初心就是致力于"打造中国人自主研发的传感器"。

2007年，上海艾络格电子技术有限公司AnalogSystems于上海成立，自主研发、制造传感器的征程也从此起步。2017年，艾络格已拥有自主知识产权的核心技术发明专利3项，实用新型专利及软著等20余项。其中，"艾络格工业物联网云系统（ALG-IOTCS）"获得了上海市优秀发明技术创新成果奖。同时，艾络格的创新不局限于传感器本身，正如艾络格一直秉承的理念——"传感器的创新受应用的驱动"。当下传感器最大的应用场景在于物联网，"所以艾络格的传感器研究不断向物联网的需求靠拢，比如智能化，比如无线连接到云端等。"周光兵介绍说，"2017年我们推出了艾络格物联网云平台应用系统，逐步实现从点到线的应用对接，打通传感器与网关、网关与云平台协议的道道关口。"图20-2所示为艾络格的物联网云平台架构。

艾络格算是业内较早推出物联网云平台的公司。周光兵介绍说："一方面是客户有需求；另一方面是我自己有个愿望，就是希望把追求美好生活的权利赋予每一个人。由于社会资源不均衡，很多时候我们的生活是不平等的，比如我们一边喝咖啡一边聊工作的时候，一些工人在环境恶劣的地方拧螺丝，检查管道等。我就想为什么不能让他们也享受一边喝咖啡一边处理工作的生活，起码给他们一

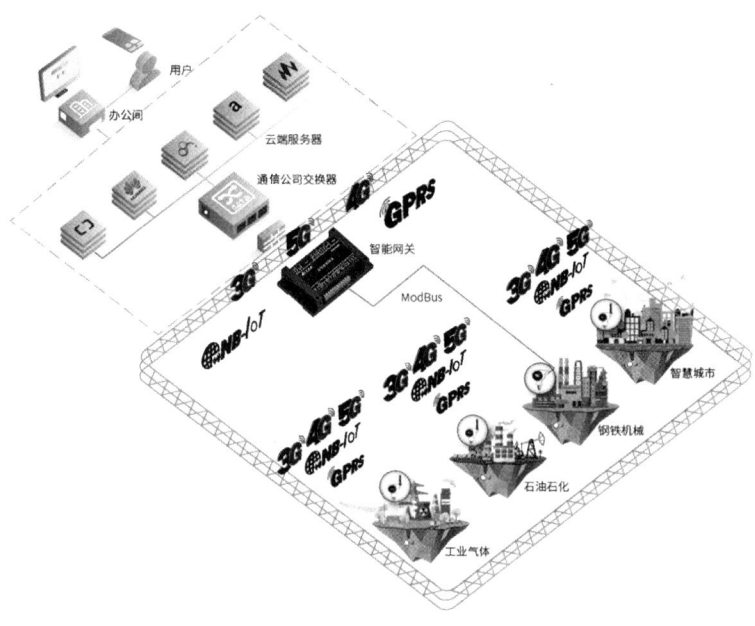

图 20-2　艾络格的物联网云平台架构

个选择的权利。当然我也没那么大的能力，也不能为所有人创造这种条件，但是起码可以尝试一下为自己能力所及的范围之内的人，比如传感器行业的从业者，尽一份绵薄之力。所以早期有线传感器还是行业主流的时候，我就坚持做无线传感器，让数据传出来，而不是非要工人到仪表盘那里去看。""今天我们又打造云平台，还是一样的理念，就是让基层的工作人员从恶劣的环境、单调的工作中解脱出来，让他们对生活方式有更多的选择权利。最重要的还是当前的技术手段是完全有可能做到这一点的。"

艾络格的创业之路不仅是这么规划的，也是这么实践的。到 2019 年，艾络格的传感物联网方案已经涵盖石油天然气、电厂、化工、冶金、新能源、环保、医疗、食品、水利等行业，聚焦于工业气体、石油石化、钢铁机械、智慧城市四大细分领域。艾络格除了为客户提供具有自主知识产权的传感器、变送器、智能网关等硬件产品外，还提供 ALG SmartLinks 工业云平台，可集成多种现场应用工业传感器及其他智能设备、仪器仪表。"以前都是多种传感器分散监测，现在客户大部分都要求将多种传感器集成到一起。集成化是当前市场的主流，当然现在我们 ALG SmartLinks 工业云平台也为集成传感器提供了很好的平台支持。"
图 20-3 所示为艾络格的业务结构。图 20-4 所示为艾络格产品的主要应用领域。

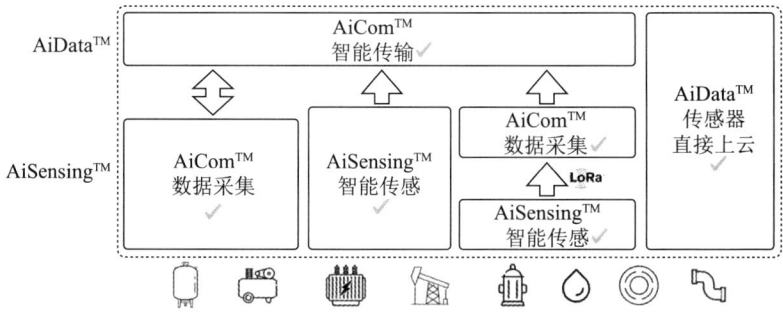

图 20-3 艾络格的业务结构

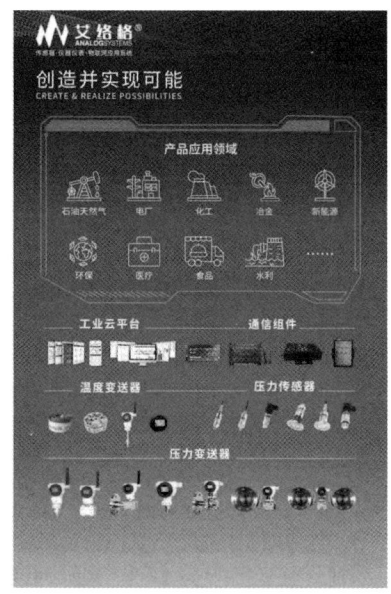

图 20-4 艾络格产品主要应用领域

2018 年后,推出云平台的传感器企业开始多了起来,比如中国本土传感器领军企业汉威科技推出了祥云平台；专注于光纤传感的铂珏传感也推出了"云＋端"的应用；压力传感器领域的知名企业宝鸡恒通电子也构建了一个云平台团队。此外，基本稍微有点规模的传感器企业都在向"端＋云"的方向发展。

"传感器重生"需跳出"行业惯例"

纵观物联网产业化概念提出的这10年，其发展一直是由通信技术和计算机技术来推动的。而传感器只能算作物联网产业发展的受益者，而非推动者。"任你天翻地覆，我仍岿然不动"，简直是对传感器产业最真实的写照。对此，多位传感器产业的从业者都给出了原因，总结为以下三点：

第一，技术原因。传感器的核心要求是稳定性。就如中科院微纳研究所研究员张珽所说：传感器就像人的感官，人的大脑可以通过学习变得更加聪明，但是感官要的是感觉稳定。"传感器的稳定性是由材料、工艺等多方面决定的。最近几十年其实工艺是取得了较大发展的，比如MEMS工艺，借助集成电路领域的先进制造技术，可以生产出尺寸非常小的微纳传感器，同时还能达到很低的能耗，并且性能还有很大的提升。此外，印刷技术的发展，尤其是3D打印、纳米打印等新兴技术的出现和应用，都对传感器的发展起到了极大的推动作用。材料方面，也有出现一些新型材料，比如硅材料、纳米材料等，但是突破依然有限。"这一点也得到了周光兵的证实："企业一般是不会投入去做材料方面的研究的，因为代价太大。所以结果就是大家都是在现有的材料基础上，把芯片、元器件做到最好。""此外，即便发现了一种新材料，从验证到大规模使用的周期也很长，因为传感器对稳定性的要求是最好能用30年、50年，而不需要更换，所以当一种材料还没有到必换不可的情况下，最好保持'传统'。"

第二，中国与国际传感器产业的鸿沟。"目前全球传感器约有2.6万余种，随着敏感机理与新材料技术创新，新品种和类型不断出现。而我国目前约有1.4万种，约占全球的1/2，其中大多数为常规类型和品种，在医疗、科研等特种高技术领域仍有大量的品种短缺和空白，80%的核心产品与应用仍依赖于进口。全球从事传感器研制与生产的专业与非专业厂家有7500多家，美、日、德三国总销售额占世界市场的70%。"原工信部电子元器件行业发展研究中心总工程师、现任中国智能传感器创新中心副秘书长郭源生曾分析说。巨大的鸿沟造成的结果是，中国传感器企业都在致力于"国产替代"。比如2010年后中国智能手机市场的快速发展，专注于加速度传感器的美新半导体，便因此而崛起。因此，在"国产替代"还有巨大市场的情况下，中国企业很难投入到真正的基础技术研发中。

第三，规则壁垒。产业在发展，但是约束和规范产业的规章制度却还停留在以前。就以联网传感器为例，用户希望传感器里的数据能够传出来，最好在计算机上、手机上就可以查看。但是真正进行产品选型的时候会发现，联网传感器是不符合既有的选型标准的。这时候就会出现用传统传感器还是新型传感器的问题。"使用符合标准的传统传感器，一旦它出现了故障，负责人是不担责任的，因为它符合标准；如果采用了新型传感器，一旦出故障，因为其不符合标准，那么负责人就要担责任，所以很多时候会因为这样的问题，让行业应用'倒退很多年'。"多个工业领域的物联网企业都谈到了这个问题。不过同时也表示，总体上还是在向好的方向发展，只不过是有些缓慢。艾络格这些年传感物联行业经验是：工业物联网的市场驱动力在于可以解决终端用户的痛点问题，从保障安全到降本增效，加快制造业数字化进程。与此同时，物联网企业也获得自身业务的正向增长。正因为如此，艾络格倾向于一种新的商业模式：不再卖设备，而是租设备，卖服务。图20-5所示为艾络格的传感器产品。

无论当前中国的传感器产业发展面临多少问题，物联网带来的这次历史机遇，都将推动其发展。从国家层面，不管是政策发布，还是科研投入，力度都是前所未有的；从企业层面，不管从利益的角度，还是从情怀的角度，也都在进行倾尽全力的探索。所以未来，中国的传感器产业哪怕不会重生，至少也会取得跨越式发展。

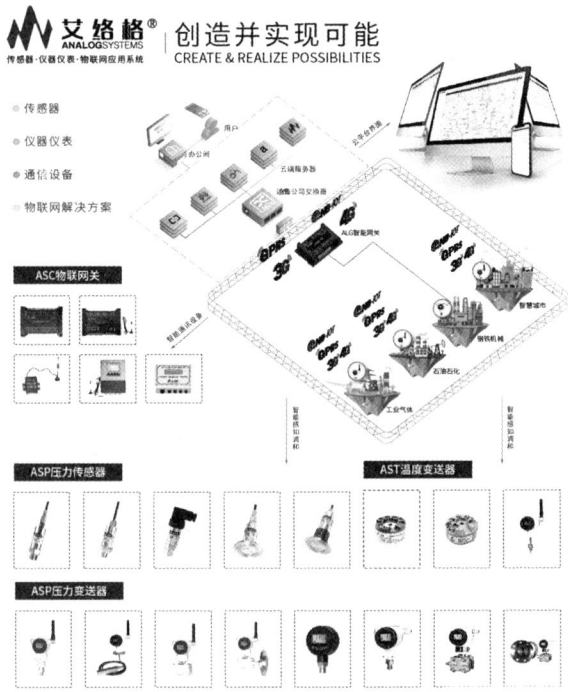

图 20-5 艾络格的传感器产品

第二十一章
5G：直面万物互联

物联网真正被产业界认可，是从 5G 被定义为面向物联网的移动通信技术开始的。从 1G 到 4G 都在解决以人为核心的通信问题。从 5G 开始，我们的移动通信技术不再局限于服务人，而是万物互联。

2019年，信息科技圈最热的名词非"5G"莫属，甚至可以说5G的热度已经溢出了信息科技圈，蔓延到了产业的各个角落。通信行业在谈5G，工业在谈5G，农业也在谈5G。背后的原因很简单，与以往的1G、2G、3G、4G主要解决以人为核心的通信和联网问题不同，5G开始解决万物互联的问题。因此，5G的关注群体更加广泛，同时也将影响到各行各业的未来发展。

从1G到5G

1G：模拟语音通话。

20世纪60年代由美国贝尔实验室等提出蜂窝系统的概念和理论，但是受到硬件的限制，70年代才正式开始产业化进程。1971年12月，美国电信运营商AT&T向FCC（美国联邦通信委员会）提交了以模拟技术为基础的蜂窝无线电话系统服务提案。1973年4月3日，世界上第一部手机——大哥大，在位于纽约曼哈顿的摩托罗拉实验室里诞生。此后，世界进入移动通信时代。

2G：短信和彩信出现。

2G，即第二代移动通信技术。与1G的本质区别在于以数字语音传输技术为核心。该技术的研究始于20世纪70年代，但是产业化进程开始于80年代。1982年，北欧国家向CEPT（欧洲邮电联盟）提交了一份建议书，要求制定欧洲公共电信业务规范，并因此在ETSI（欧洲电信标准学会）下面成立了一个GSM（移动特别小组），来制定相关标准。到1989年，ETSI将GSM定义为国际数字蜂窝技术标准。1991年，欧洲开通了第一个GSM演示系统，首个GSM通话在芬兰开通，同时，GSM被更名为全球移动通信系统，2G时代开始。2G到来后，我们的移动通信技术除了可以进行通话，还可以发短信，到后来可以发彩信。

3G：手机可以上网。

早在 1985 年，ITU（国际电信联盟）就提出了第三代移动通信系统的概念，最初命名为 FPLMTS（未来公共陆地移动通信系统），后在 1996 年更名为 IMT-2000，并将第三代移动通信系统的目标确定为：世界范围内设计上的高度一致性；与固定网络各种业务的相互兼容；高服务质量；全球范围内使用的小终端；具有全球漫游能力；支持多媒体功能及广泛业务的终端。1991 年，ITU 正式成立 TG8/1 任务组，负责 FPLMTS 标准制定工作。2000 年，ITU 完成第三代移动通信网络部分标准的制定。2008 年 5 月，ITU 正式公布第三代移动通信标准，中国提交的 TD-SCDMA 也成为国际标准，与欧洲 WCDMA、美国 CDMA2000 成为 3G 时代最主流的三大技术之一。相比 2G，3G 的最大跨越是除了通话和发短信，还可以通过手机上网。苹果早就窥视到了其中的商机，并于 2007 年推出第一代智能手机，从而开启了智能手机时代。

4G：繁荣了移动互联网时代。

第四代移动通信信息系统，是基于 3G 通信技术基础上不断优化升级、创新发展而来的，融合了 3G 通信技术的优势，并衍生出了一系列自身固有的特征，以 WLAN 技术为发展重点。因此，4G 有多个叫法，国际电信联盟称其为 IMT-Advanced 技术，其他的还有 B3G、BeyondIMT-2000 等。2009 年年初，ITU 在全世界范围内征集 IMT-Advanced 候选技术。2009 年 10 月，ITU 共计征集到了六个候选技术。这六个技术基本上可以分为两大类，一类是基于 3GPP 的 LTE 的技术；另外一类是基于 IEEE802.16m 的技术。2012 年 1 月，ITU 正式审议通过将 LTE-Advanced 和 WirelessMAN-Advanced（802.16m）技术规范确立为 IMT-Advanced（俗称"4G"）国际标准，中国企业主导制定的 TD-LTE-Advanced 同时成为 IMT-Advanced 国际标准。和 3G 相比，4G 传输速率更快，比如 3G 的数据传输速率达 2Mbit/s，而 4G 的传输速率可达到 20Mbit/s，最高可达 100Mbit/s，这使得我们的手机不再是一部手机，而是一台小型计算机，同时它不再局限于单一的设备，可以满足多种设备的联网，所以催生了移动互联网时代，并且也是物联网萌芽的基础。但是，它并不能满足万物互联的需求，所以这也是 5G 到来的原因。

5G：面向物联网的移动通信技术。

"1G 可以打电话，2G 可以发短信，3G 可以上网，4G 可以看高清视频，那么 5G 要解决什么问题？网速更快？"原南京邮电大学副校长朱洪波在一次与联动原素的交流中，透露了 5G 应用定位的背景，"后来国际电信联盟的专家们就把 5G 定义为面向物联网的移动通信技术。"

也就是说，当我们的移动通信技术发展到 4G 时代，基本上已经满足了所有以人为核心的通信和联网需求。所以，下一代通信技术的发展目标就成为通信标准制定者们需要解决的主要问题。最终解决这个问题的就是现实的应用需求：人类社会的发展需要"万物互联"，即物联网，而物联网的发展需要新一代移动通信技术。

实际上，2G、3G、4G 都有充当过"物联网"的通信手段。时至今日，除手机外很多设备，比如工程机械、共享单车都是通过 2G 进行联网。很多智能硬件都是通过 Wi-Fi 联网。物联网的需求一直都有，只是需求量不够大，所以只是在当时的通信技术条件下选择适合的技术方式来满足"物联"的需求。随着物联网的不断发展，万物互联成为必然趋势，"物联"的需求越来越大，同时，"人联网"的应用已被挖掘殆尽，所以面向"物联网"的移动通信技术就被提上了研究日程。

2013 年 2 月，欧盟宣布，将拨款 5000 万欧元（1 欧元约人民币 7.85 元），以加快 5G 的研发进程。2017 年 2 月，国际通信标准组织 3GPP 宣布了"5G"的官方 Logo。2017 年 12 月 21 日，在 3GPP RAN 第 78 次全体会议上，5G NR 首发版本正式冻结并发布。2018 年 6 月，3GPP 全会（TSG#80）批准了第五代移动通信技术标准（5G NR）独立组网功能冻结。加之 2017 年 12 月完成的非独立组网 NR 标准，5G 已经完成第一阶段全功能标准化工作。5G 第一阶段标准实现了对"增强移动宽带（eMBB）"和"低时延高可靠物联网（URLLC）"两种重要场景的支持，虽然和完整的 5G 标准还有一定的距离，但已经能够进入商用。值得一提的是，以华为为代表的中国企业，在 5G 标准中的专利份额已达 20%。

根据 3GPP 披露的信息，5G 的第三个应用场景"海量机器类通信（mMTC）"

的网络标准要等到 2019 年年底才能确定。此后，物联网或将迎来全面爆发。

5G 带来的无限可能

正如前文所述，不同于 1G、2G、3G、4G，5G 主要是为了解决万物互联的问题，所以其特点是高速率、低时延、高可靠和大链接。也就是说，除了满足既有的移动通信需求之外，5G 还要满足物联网的需求，或者说重点是满足物联网的需求。由于物的种类太过繁多，所以造成了 5G 的多标准体系，但同时也催生了无限可能的应用。

首先，3D 影像。在 4G 时代，我们已经可以在线看视频，但是只能看 2D 的。到了 5G 时代，由于传输速率更高，时延更低，比如 4G 的反应时长是 20~80 毫秒，而 5G 只需要 1 毫秒，这就能衍生出无限应用。比如通信，2G 以前，我们只能打电话，3G 我们可以打网络电话，4G 我们可以进行视频电话，到了 5G，就有可能像科幻片中那样，通话对象的虚拟形象直接出现在你的面前，你可以与"他"进行一场面对面的对话。再比如，你观看一场电影，可以置身其中。以前需要通过一副 3D 眼镜才能实现，以后可以通过一台 3D 影像设备，比如 3D 投影仪、AR/MR 设备等，直接实现。也就是说，在 5G 时代，只要你愿意，你就可以置身于虚拟影像之中，且它能够适用的场景有很多，比如社交通信、网络会议、娱乐互动、工业生产等。

然后，车联网。这是最让大家期待的场景之一，因为关于车联网的研究，自 3G 商用便开始了，至今已有十多年，但是一直处于"未成熟、不能商用"的状态，大部分人将原因归结为通信技术不成熟。因此，5G 标准中的"低时延高可靠物联网（URLLC）"标准，被认为就是为车联网、工业控制、远程医疗等特殊行业而制定的，其中车联网更是普遍被外界看好的最大应用场景。

再然后，就是工业。正如前文所述，工业控制与车联网和远程医疗一起被认为是"低时延高可靠物联网（URLLC）"标准的三个最佳应用场景。2015 年工业互联网概念兴起，但是 5 年过去后，工业互联网的应用还依然处于试点和探索阶段。大部分工业互联网解决方案企业，乃至传统工业企业都将工业互联网的规模化发展寄希望于 5G 的全面商用。同时，远程医疗——这个在"久等花不开"的状态下发展了 30 年的行业，是否能借 5G 而崛起呢？

最后，既然是万物互联，那么除了以上规模比较大的场景之外，还有很多碎片化应用场景，比如仪器仪表、地下管廊、路灯井盖、农业设施、可穿戴设备等。这些就是还没有冻结的"海量机器类通信（mMTC）"标准的主要应用场景。被称为 4.5G 的 NB-IoT，可以算是标准之一，也可能是过渡标准。

总体来讲，5G 到来的根本意义在于，实现人类社会从"人人互联"到"万物互联"的跨越。它将带来的变化，我们可以从技术设计的目标中窥探一二。但是，它将带来的变革，我们只能从实践中获知。就像设计 4G，只是为了提高速率，事实上，它却推起了移动互联网时代。

第二十二章
AIoT，物联网因AI焕发新的生命力

对于物，联网不是目的，通过物的联网满足人们的生活生产所需才是最终目的。因此，用物联网手段解决问题的过程，就是将多种信息技术手段整合利用的过程，AI技术便是其中一种。广义上的AI技术，包含机器学习、语音识别、声纹识别、图像识别、指纹识别、机器自动化等全方位的机器自动化技术。所以AI技术的加持，能够让物联网发挥更大的价值。

2017年，随着物联网概念的回温，AIoT开始"走红"，至2018年，AIoT已成为物联网领域最热的词汇。不仅阿里巴巴、华为、百度等ICT产业巨头纷纷布局，AI领域的明星企业旷视、商汤、地平线等也都宣布了其AIoT战略，更别说头部的物联网技术公司。所谓AIoT，顾名思义，就是AI+IoT。百度百科上的定义是：AIoT融合AI技术和IoT技术，通过物联网产生、收集海量的数据存储于云端、边缘端，再通过大数据分析，以及更高形式的人工智能，实现万物数据化、万物智联化。简言之，就是AI需要物联网带来的大量数据以及应用场景；同时，物联网有AI的加持会变得更加智能。

人工智能的突破与加速发展

提起人工智能，又要说到Google。2016年3月，Google的人工智能系统AlphaGo挑战世界围棋冠军李世石成功，引发了全世界恐慌的同时，也掀起了人工智能产业的发展热潮。因为AlphaGo的成功，代表着在某些领域，机器智能已经能够媲美甚至超越人类智能，这是人工智能的一次跨越式发展。同时，也预示着人工智能技术将从"高深莫测"走进人们的日常生活。

到底何为人工智能，学术界有很多不同的解释。2016年，商汤科技创始人汤晓鸥和华东师范大学教授陈玉琨主编的《人工智能基础（高中版）》一书中采用的定义是：人工智能是通过机器模拟人类认知能力的技术。其发展被普遍分为四个阶段：

第一阶段（1950—1956年），人工智能概念诞生。1950年，艾伦·图灵提出了图灵测试，被业界认为是测试机器智能的重要标准，其影响一直延续至今。1956年，几位人工智能学者在美国达特茅斯学院组织的研讨会上，正式将通过机器模拟人类智能的新领域定下了名字——人工智能。

第二阶段（1956—1974年），人工智能被作为一门学科，正式进入学术研究领域。著名的麻省理工学院计算机科学与人工智能实验室的前身——Project MAC 项目诞生，并推进了在视觉和语言理解等方面的研究。第一个自然语言对话程序 ELIZA 被创立，第一个人形机器人被发明。

第三阶段(1980—1987年)，出现了两个研究分支：专家系统和人工神经网络。专家系统是指通过特定智能系统来解决具体领域的实际问题；人工神经网络，即今天机器学习的基础，是指建立通用智能系统，通过学习和训练，以满足不同应用的需求。

第四阶段（2011年至今），基于数学语言的广泛应用，促成了人工智能与其他学科的大范围交叉研究。与此同时，云计算、大数据及网络技术的发展，使得人工智能算法取得了重大突破，人工智能技术的分支之一——人工神经网络技术完成了向多层神经网络的进阶，从而使整个人工智能技术完成了一次质的飞跃。多层神经网络技术就是深度学习的基础，AlphaGo 就是通过深度学习的训练，才取得了胜利的荣光。

今天的人工智能普遍可以通过学习来获得进行预判和预测的能力。学习方式一般分为两种：从数据中学习和在行动中学习。从数据中学习是指从已知数据中去学习数据中蕴含的规律或者判断规则。其中需要大量数据样本构建分析模型的方式又被称为监督学习；而需要少量数据样本构建分析模型的方式又被称为半监督学习。在行动中学习，顾名思义就是不需要包含输入和预测的样本，在行动过程中，一边做一边学习，又被称为强化学习。就像 2014 年 Google 收购的恒温器公司 Nest 推出的恒温器，在用户每一次设定温度的时候，它都会进行记录，经过一周的时间，它就能学习和记住用户的日常作息习惯和温度喜好，然后它会利用算法生成一个自动设置方案，只要用户的生活习惯没有发生变化，用户就不再需要手动设置温度。这就可以视作在行动中学习的一种应用。AlphaGo 下围棋则是结合了从数据中学习和在行动中学习两种方式。总之，就是只要给了机器一个基础大脑（就像刚生下的小孩一样），机器就可以像人一样，通过学习和训练，掌握各种技能，比如可以成为律师，可以成为棋手，乃至各种各样的职业角色。

人工智能技术的这次突破，除了技术上可用性更强外，能够让其进入大规模应用阶段的另一个重要原因是：人工智能技术的使用成本大幅降低。一方面，随着计算机和网络技术的发展，人类数千年发展过程中产生和积累的数据几乎全部被数字化，并且可以以极低的成本获取（有些人为创造壁垒的数据除外）。另一方面，基于神经网络建立的通用智能系统，可以将人工智能技术以平台化的方式提供给用户，而非定制化，从而大大降低了使用成本。此外，还有硬件技术的突破，比如 GPU 芯片的出现及价格的降低。

因此，人工智能技术的应用已经进入我们生活的方方面面，比如手机上的人脸识别解锁；网站会通过用户最近的搜索行为推送广告；语音控制音箱；通过摄像头查处违规驾驶车辆，抓疑犯；甚至一些年龄判断、美颜相机类应用中都有人工智能的支持。

AI+IoT 的应用探索

目前人工智能技术的应用探索主要在两个领域：语音技术和机器视觉。相关企业也被自然地分为了两个体系。其中，语音技术以科大讯飞为代表，还有思必驰、云知声、捷通华声、小 i 机器人等；机器视觉技术有寒武纪、商汤、地平线、旷视科技等。此外，还有百度，横跨两个技术领域。当然，还有不可忽视的阿里巴巴、腾讯、华为等后来加入者。这些公司都于 2018 年先后推出了 AIoT 战略，说明了 AI+IoT 在现阶段的发展重要性。

那么，为什么 AI+IoT 如此重要呢？这就与前面所说的 AI 这次得以跨越式突破的背后原因分不开：大量数据用于进行分析模型构建，及大量的应用场景可以进行自我学习。也就是说，人工智能的发展需要不断有新数据，并且不断有新的应用场景。人类既有的大量数据早已经有了归属权，其中有技术能力的数据拥有者，自己就可以将数据加以利用；剩下的市场中，对 AI 技术需求迫切、价值回报大的领域，数据也已经被瓜分。物联网是一个新生市场，有分析机构预测，到2020年，物联网设备将达到240亿台，是今天智能手机的15倍。而到2025年，总数据量将从2018年的33ZB增长到175ZB，其中大部分将是物联网数据。同时，物联网带来的大量应用场景，如智能家居、智能交通、智能安防、智慧医疗、智能制造、智慧城市等，为AI技术提供巨大市场的同时，也是AI技术进一步发展的助力。

实际上，在AI技术没有普及的时候，物联网已经发展了很多年。只不过那时候，分析和控制靠的是人力智慧，而非机器智慧。比如安防，前端是摄像头拍摄视频或图片，传回后台，后台是一个人盯着屏幕，发现异常后，通知相关人员；再比如自助健康监测，前端可能是一台血糖仪或心电仪，用户自助检测后，数据传到后台，后台是一个或者一群医生来查看检测结果，并给出建议；还有智能家居，在没有使用AI技术的情况下，我们的家居设备联网后，只能叫远程控制，比如可以异地给空调调温，也可以躺在床上关灯等，但都是人在后台操作。如果没有AI技术，这样的方式也能够发展下去，只不过分析和行动有一定的滞后性，比较耗费人力。

使用AI技术后，摄像头可以通过学习，自己判断异常现象，并在遇到不同的异常现象时，通知不同的责任人；自助健康检测系统也可以基于大量的病例样本和诊断样本，自动化地对用户的情况进行分析，并实时反馈给用户；家居设备可以通过自我学习，来判断是否需要调节空调温度，是否需要关灯，并自动执行，无须人为干预。不过，这要在AI技术的成本远低于人工的情况下，才能够普遍发生。

可事实上，目前AI技术在物联网领域的应用依然处于早期阶段，目前AIoT已经有一定应用规模的领域，如安防监控中的人脸识别、图像识别，智能音箱，玩具机器人，服务机器人，语音导航等，要么是对AI技术的成本不敏感，或者是成本真的有降低，要么是应用相对简单，当然同时市场规模足够大。

而在很多领域，AI技术并没有应用，比如医疗领域，国家和企业都看到了中国医疗资源不均衡的问题，所以尝试过各种手段，像远程医疗、病患分级等，但是收效甚微。今天很多人工智能企业也把其看作一个比较重要的应用领域，但是采用今天已经成熟的人工智能技术如监督学习，却很难在医疗诊断领域发挥作用。因为通过这种手段，需要请专业医生对大量病例及他们的医疗影像资料进行精确标注，这需要付出高昂的代价。所以大量研究机构还在进行一种"无监督学习"技术的研究。除此之外，还有一些领域，是因为市场价值相对较小，所以企业不愿意投入，比如农业领域进行病虫害监测，而真正的原因是人工智能技术还没有达到完全普惠的价格。

　　当然，技术的发展和应用的需求是相辅相成的，物联网已经成为物质社会必然经历的一个阶段，并且已经在这个进程之中。人工智能技术也会不断突破，并与其他技术一起推动物联网产业的发展，同时也将得益于物联网产业的发展。

第二十三章
边缘计算：让智能无处不在

所谓边缘计算，是将数据的分析处理放在距离"执行现场"最近的地方，实现应用的快速响应，让人与物、物与物的交互更加贴近人与人的交互，从而达到真正的设备智能、应用智能。

2017年,边缘计算概念火起来以后,对于边缘计算的分析文章不断涌现,并且很多专家都认为物联网是边缘计算最适合的应用场景。那么到底什么是边缘计算?边缘计算的提出者之一——韦恩州立大学计算机科学系教授施巍松曾经在其2016年发表的论文 *Edge Computing: Vision and Challenges* 中给出过答案:边缘计算指的是在网络边缘节点来处理、分析数据(图23-1给出了边缘计算架构图)。边缘节点指的是在数据产生源和云中心之间任一具有计算资源和网络资源的节点。比如,手机就是人与云中心之间的边缘节点,网关是智能家居和云中心之间的边缘节点。在理想环境中,边缘计算指的就是在数据产生源附近分析、处理数据,没有数据的流转,进而减少网络流量和响应时间。总之就是,不再将所有的数据分析处理都放在云端,而是放在距离"执行现场"最近的地方。

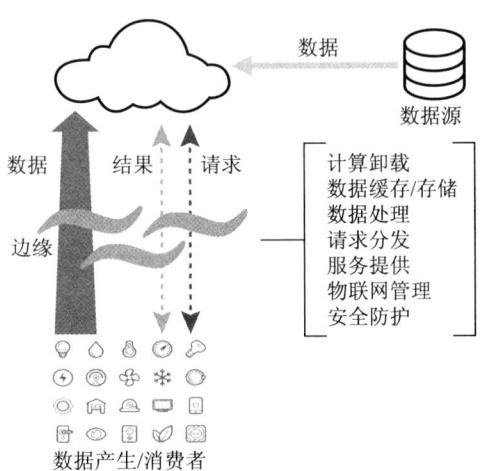

图23-1 *Edge Computing: Vision and Challenges* 中的边缘计算架构图

当然,在实际业务场景中,根据需求的变化,边缘计算也会有不同体现。比如专注于温度物联网的上海米尺网络技术有限公司,就根据自己的实际应用,画出了一张简单明了的边缘计算架构图（见图23-2）。

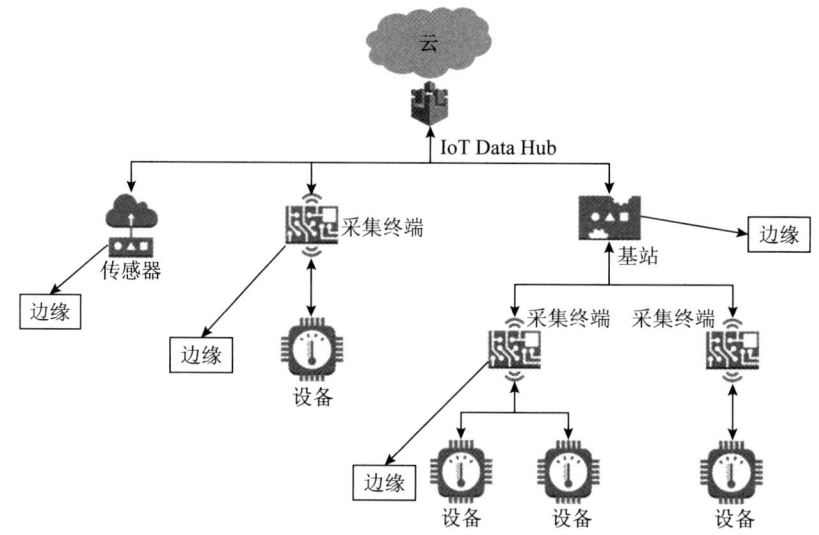

图 23-2　米尺网络的边缘计算架构图

"也就是说，边缘计算存在于物联网应用的三个层面，分别是传感器/设备端；数据采集终端/网关端；基站。"米尺网络 CEO 裘勇刚介绍说。

专注于工业互联网的北京寄云科技有限公司也在实践过程中对边缘计算的功能进行了系统化的梳理，边缘计算主要具备以下功能：

第一，本地数据集成功能。

边缘计算网关需要能够对接本地的各种工业控制协议（如 ModBus、Profinet、OPC UA 等）和物联网设备协议（如 MQTT 和 HTTP），实现数据的统一汇聚。

第二，本地数据存储功能。

在边缘计算节点上提供高性能的本地数据存储和查询能力，一般以时间序列数据和结构化数据库为主，并且有一定的规范的数据组织方式，便于被云端统一管理。

第三，本地数据服务功能。

边缘计算节点可以被认为是一个小型化的数据中心，需要提供 API 接口，支持第三方系统对存储在边缘计算节点上的数据进行基于授权的安全访问。

第四，动态应用和模型功能。

同完成特定任务的传统工业网关相比，边缘计算更强调边缘节点是一个开放的运行环境，所运行的应用（模型）是根据云平台的指示来动态执行的，而不会局限于特定的任务。

基于云平台开发、编译的应用和模型，可以以特定的格式打包（如使用 Docker 或者 Jar 包），推送到特定的边缘节点上运行，而应用在运行的过程中，又能够和本地采集的实时数据紧密结合起来，实现本地的实时应用和计算。

第五，数据转发功能。

根据指定的转发策略，对采集的实时数据进行转发，取决于具体的应用场景，往往在转发之前需要对数据进行转换，如根据特定条件过滤、单位转换、插值、填充、压缩等。

每一台边缘计算的转发策略，需要支持通过云平台实现统一的配置。

第六，实时反向控制功能。

针对实时计算的结果，产生相应的控制指令，通过现场协议发送到控制系统执行相应的动作。

第七，安全访问控制功能。

支持包括访问控制列表、黑白名单等基础的防火墙功能，能够实现基于严格授权的反向命令的安全控制；针对远程控制器编程的需求，边缘计算网关往往还要求支持 VPN 隧道，提供远端安全接入功能。

米尺网络 CEO 裘勇刚和寄云科技 CEO 时培昕都认为，边缘计算不仅仅是单向的本地数据采集、过滤和转发，而且还包括本地指令执行，以及向云端索要资源赋能本地。"并且，我们是不能脱离云计算来谈边缘计算的。"裘勇刚表示这主要体现在三个方面：

首先，边缘计算一定和云有联系。云端可以做算法，进行远程、随时因需的更新，新的算法下载到边缘处做控制，这是与传统工业控制的巨大差异，也是质的变化。

其次，云端做算法、边缘做控制的特性，意味着控制和外部会有互动。比如天气数据、地理位置的变化即可作为空调变频控制的判断依据。与外部因素的互动使智能化程度更高。

最后，云计算和边缘计算的结合可以更快地部署、实施应用，带来显而易见的成本下降，才使应用的大规模落地成为可能。

边缘计算＋物联网的应用实践：不仅有智能的"大脑"，还有智能的"四肢"

层级一：边缘计算在设备端。

米尺网络主要从事的业务方向是"一切和温度有关的物联网应用"，其中最大的场景是餐饮业的食物采购、运输和储存等一系列过程中的温度控制，以及围绕该用户群体衍生出来的其他应用，比如餐厅的空气质量管理，甚至招牌灯等。"其实边缘计算早就存在于我们业务的方方面面，比如在后厨的烤箱，有时候工作人员会忘记关掉，我们会给它设定一个时间区间，当烤箱不在工作状态的时候，开启时间超过设定的时间区间，烤箱就会通过手机端的应用给相应负责人发出告警，如果超过一定时间，依然没有人为干预，烤箱会自动关闭。"裘勇刚介绍说。其实这就是一个边缘计算的应用，数据的采集、分析处理和决策执行，都是由设备自行完成的。

"另外，更细微的应用，比如招牌灯，以往都是手动控制，天黑了就打开，天亮了就关掉，但是人总有忘记的时候，尤其是一些24小时营业的商业机构，多开一天，就会浪费掉几度电。如果某品牌全国有5000家店，平均一家店一天浪费10度电，一天就是5万度，就相当于浪费掉5万元，一年就是1800多万元。米尺用这样一套系统，通过经纬度算出每一个店的地理位置，就可以知道当地的日出日落时间，然后再接入天气数据，比如是阴天、晴天、起雾等，再加装光感传感器来判断光照的亮度，同时再打通排班时间表，就可以实现在合适的时间，自动开关。不需要通过云端，并且无须人为干预。"裘勇刚认为这些事情处理起来比较繁杂，但是边缘计算也并非高不可及。图23-3所示为边缘计算在招牌灯节能中的应用。

除此之外，一些设备端的人工智能应用，也可以算作边缘计算的范畴。比如上海互问信息科技有限公司就推出了离线语音技术方案，采用该方案，就可以让设备不需要通过云端，直接和人进行语音对话，这就是语音处理芯片和边缘计算芯片共同作用的结果。

边缘计算在照明领域应用：招牌灯节能

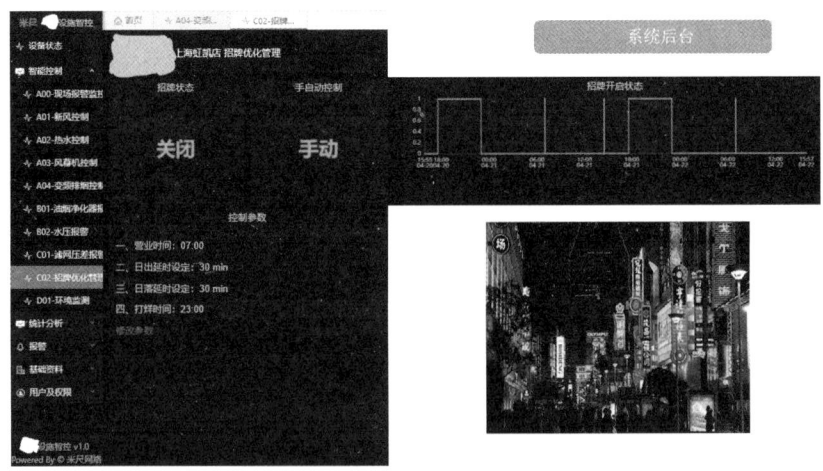

图 23-3　边缘计算在招牌灯节能中的应用

层级二：边缘计算在网关端。

"把边缘计算放在网关端，是一种比较常见的方式。"裘勇刚表示，"不过目前大部分公司推出的边缘计算网关的主要功能是采集、过滤和转发数据，其实这都属于比较基础的边缘计算功能。"这一点也得到了时培昕的证实。寄云科技工业互联网平台的主要用户都集中于轨道交通、石油石化、高端装备制造等领域，并且设备远程运维及预测性维护是其中比较重要的应用需求。"由于都是大型装备，同时可能有多种需求并发，所以我们的边缘计算网关功能就复杂一点。"时培昕介绍说寄云科技的边缘计算网关（NeuSeer Edge）目前已经应用在多台大型装备的远程运维中，并且能够和寄云 NeuSeer Stack 工业互联网平台无缝对接，并实现如下的功能：

第一，无缝对接工业设备实时数据。

通过 MQTT 对接寄云工业数据采集网关，实现 PLC 的数据读取，通过 OPC Client 实现 DCS 数据的提取。

第二，提供设备元数据管理。

提供层次化的设备模板、数据点模板的配置和实例化，支持点表配置的快速批量导入和导出；本地的设备数据结构，支持被 NeuSeer 工业互联网平台统一管理，实现多台边缘计算网关的统一管理和配置。

第三，提供高性能的存储和查询。

提供每秒数万条记录的写入性能、毫秒级的查询性能，以及多达 1TB 的海量存储，足以满足大型装备长达数年的存储和查询需求。

第四，支持第三方系统通过 API 访问。

寄云边缘计算网关提供了 RESTFul API 接口，支持第三方业务系统通过 API 访问寄云边缘计算网关采集和组织的数据，为不同的应用提供统一的数据模型。

第五，支持运行云端开发的动态应用和模型。

寄云 NeuSeer Edge 边缘计算网关是一个开放的容器运行框架，与寄云 NeuSeer 工业互联网平台实现了高度的集成，支持通过 NeuSeer Stack 实现应用和模型的开发、测试、编译和打包成 Docker Image，下载到 NeuSeer Edge 上执行。同时，应用或者模型运行过程中的动态数据参数，如 MQTT 的 Topic 地址都无须重新配置，而是跟本地的应用实现动态绑定。目前，寄云科技已经在 NeuSeer Edge 边缘计算网关上运行了包括实时监控、设备运维、故障诊断和管理等类型的应用，已经实现云端开发的模型和本地数据流直接对接，并能够进行智能判决。

第六，安全访问。

寄云 NeuSeer Edge 边缘计算网关提供了包括访问控制列表、黑白名单、基于角色的用户管理等安全管控机制，实现对工业设备的全方位防护。

同样，将边缘计算做到网关端的还有 2018 年才成立的瀚云工业互联网平台。瀚云推出了三种边缘计算网关，用户可以根据自己的需求进行选择。目前瀚云的边缘计算产品和方案在工业热泵的监测和运维、制造业涂装工艺质量优化等方面都有应用。图 23-4 所示为瀚云主要的边缘计算网关产品。

图 23-4　瀚云主要的边缘计算网关产品

瀚云产品的基本功能有：

第一，数据接入。

不同边缘计算设备具备不同的接入接口（例如 WAN 口、RS485 接口、继电器等），通过加载不同的应用以实现不同的计算需求，实现传感器数据读取、数据平台上传、远程控制命令下发等功能。

第二，网络通信。

不同的边缘计算设备根据网络场景不同，分别集成 2G、4G、WLAN、Wi-Fi 等互联网通信能力，同时在某些场景中集成 LoRa 自组网能力，解决小范围内的无线通信问题。

第三，运维管理。

具备 OTA 远程升级功能，可以通过平台下发升级命令，完成固件的远程升级，避免出现问题缺陷每次现场施工解决。

第四，计算处理。

边缘网关设备根据场景和协议的不同，能够对采集的原始数据进行预处理，解析为上层应用可以更好处理的结构化数据。网关设备支持 Lua 脚本预处理功能，支持 Lua 脚本编写处理网关采集到的数据，加快网关具体场景匹配。

物联网对边缘计算的需求，以及在实际应用中面临的挑战

那么又是什么原因让边缘计算得以在 IoT 系统的多个环节中存在呢？"这一点和 IoT 数据的三个特性有密不可分的关系。"裘勇刚如是说。

第一个特性就是海量数据。物联网设备已多达百亿量级，这些设备每时每刻都在发送数据。某咨询机构预测到 2020 年，物联网的数据量将达到 4.4ZB。

第二个特性是数据的异构性。数据产生自数百万种的传感器和设备，不同终端和不同采集维度的数据结构和协议都不尽相同，所以异构是物联网数据的天然特性。

第三个特性是数据时序性。所有 IoT 的数据都是基于时间概念的，即时序数据，脱离时间谈 IoT 数据与计算都是没有意义的。

物联网的这三大明显特征，导致物联网的三大现实问题：

第一个是实时性。实际的控制决策都在现场执行，但是响应未必能够实时。

第二个是安全性。IoT 数据跟企业的商业机密有关时，怎么保障数据安全？

第三个是网络堵塞，以及随之而来的可靠性问题，比如会不会在传输过程中丢包？

"另外，成本问题也非常重要。想象一下，500 亿个设备联网，数据流量成本、存储成本，得要多大投入？"

正是有了这些问题，我们今天探讨边缘计算 + 物联网才有了基础。"总之，边缘计算让很多物联网应用具备了'小智能'的能力，而物联网的'大智能'，一定是和这样一个个碎片化的小智能同步发生并同时发展的。"裘勇刚表示。

"不过，边缘计算在实际发展中还面临着很多问题。"时培昕列举了寄云科技在开展边缘计算应用过程中遇到的问题和挑战。

第一，硬件资源限制。

与云端可以无限扩充的资源不同，边缘计算的本地资源（包括 CPU、内存等）往往是非常受限的，很多应用都必须压缩到 4GB 以下运行，而内存的使用率又跟采集的数据点数量、频率，以及数据库查询的开销紧密相关，因此如何在有限的资源下保证应用不同组件之间的有效平衡，是边缘计算面临的巨大挑战。

第二，非计划的断电。

在客户现场，经常碰到客户会无计划地直接断电和停机，这与云端高度可靠的运行环境有着天壤之别。如何在持续读写高频数据的同时应对随时可能发生的断电情况，对边缘计算在操作系统、数据库、数据转发等各个环节的高可靠性设计都提出了极高的要求。

第三，网络接入和带宽的限制。

很多工业环境都无法接入网络，因此每一次应用的更新和数据的同步，都会受到网络的限制。

虽然有这些问题，但是企业依然在奋力前行，就如寄云科技，为了保证边缘计算网关能够实现有效的断点续传，还修改了开源 MQTT 协议栈中存在的丢包缺陷。因此，2016 年后物联网的快速发展，催生了对边缘计算需求的上升；2018 年后，边缘计算的应用落地，将进一步推动物联网的发展。

第二十四章
区块链+物联网的革命性应用

数据被认为是物联网最具价值的产出物，同时也是阻碍物联网快速发展的因素之一。由于数据无法确权，价值无法进行合理分配，所以数据拥有者不愿意开放数据，从而使物联网应用之间无法互联互通。区块链技术不仅能够实现数据的确权，而且能够打破中心化的数据利益分配方式，"还利于民"。

区块链＋物联网，是继区块链"造币"泡沫破灭后，区块链企业希望挖掘的下一个应用场景之一。自2018年3月起，探索"区块链＋物联网"应用的企业可以分为两拨。第一拨企业是在2018年3—6月，它们的设想是"做芯片"，不是矿机芯片，而是"物联网芯片"——将区块链的SDK放入物联网相关的通信／计算芯片中。第二拨是做方案，企业主要有两方面的应用场景，一方面是防伪溯源。不过用区块链领域的资深分析人和投资人、共链社区的联合发起人史伯平的话讲：除了部分特殊场景，比如高附加值，或者对安全有较高需求的领域之外，大部分是伪需求，主要原因是防伪溯源带来的收益无法覆盖技术成本。另一方面是数据确权。而这一方面的应用，不仅物联网有需求，互联网也有需求，甚至可以说物联网的需求来自互联网需求的启发。

拿用户数据来追逐利益的这些年

相信大部分人都接到过类似房产、汽车、保险等推销的电话，有"刚刚在网络上搜索过一个东西。马上所有互联网应用上都充斥该产品的广告推送"的经历。现在更可怕的是，连你平时说话提到了某种产品，也会收到相应广告推送，所以最近一两年不断有"××平台是不是在窃听我们的谈话？"的媒体报道。

窃听是比较极端了一些，但是各种互联网应用不择手段地获取用户的信息，已经是一种常见行为了。当我们安装一个应用时，它都会提示你是否同意该应用获取你的种种信息，你若不选择同意，就不能使用该应用；你选择了同意，就默认把你的各种信息和数据共享给它。至于它拿到了你的数据去做了什么，我们都不知道。

实际上，互联网时代，最核心的商业模式是"通过用户数据创造商业价值"。

因此，构建一个平台，集聚用户卖东西、集聚用户卖广告都是很多互联网公司的创业逻辑。并且，做这两方面应用的，已经算是良心公司了。因为还有一些公司"直接卖用户数据"。此前，笔者看到过一份海外咨询机构发布的报告，说一个中国人的全部数据，被卖一次的平均价格是人民币 80 元。在这种情况下，关于用户数据的问题就产生了。

第一，数据是用户产生的，用户被动地为各种应用 / 设备背后的企业或机构贡献了数据，却不知道自己数据的去向，以及做什么用。

第二，当平台将用户数据进行其他方面的应用时，并没有跟用户确认。

第三，这些企业 / 机构通过使用、买卖用户数据获取利益，却没有将之回馈给用户。

"而区块链的加入，基本上能够解决这些问题，一是给用户'Say No'的机会，比如用户可以知道自己的数据去向及用途，那么用户可以选择是否同意被这样应用；二是如果用户同意被应用，那么用户有'获益'的权利，就是你用我的数据获取的利益也要有我的一份。"上海溢唐数据科技有限公司 CEO 曾熙如是说。

区块链的革命性应用：把欠用户的还回去

在 2019 年第二届 2050 大会期间，由共链社区举办的"在多场景下的区块链落地应用实践"论坛中，曾熙分享了几个区块链在物联网领域的真实应用。

曾熙的分享开始于一个"区块链 + 智能道闸"的应用案例：传统居民小区的道闸，大部分都是刷卡式的，闸杆上会设置广告，不过一般都是静态的。我们对此做了一个改造，首先把"卡"改成了微信小程序，然后把闸杆上的静态广告改成了电子灯箱式广告屏，使广告可以实时切换。车主进出小区时，打开微信小程序上的相应二维码，刷二维码后，闸杆上的电子屏会根据车主的近期需求切换广告（这个要陆续实现），而车主因为观看了该广告，就会以"Token"的方式获得相应的分成。目前这个应用已经覆盖了 100 多个居民小区。

这套系统中，表面看起来，Token 的作用就相当于原来的积分，但是深层次的逻辑不同，并且更为重要的是，区块链的去中心化以及不可篡改性，让其生命力更强。类似这样的项目，溢唐数据已经做了 40 多个。

说起这类项目背后的深层次逻辑，曾熙借用了一句名言：打土豪，分田地！当然今天的"田地"是指数据。在溢唐科技的应用中，都将用户数据的价值，通过"Token"方式还给了用户。

类似的应用，还有中加物联网与区块链产业发展研究院开展的区块链在文化版权方面的应用。在该应用中，社区平台以"内容挖矿"为模式，设置平台"权益积分上限"，定期推出文艺主题并放出相应"权益积分"，鼓励平台用户针对主题上传自主版权的文艺作品，上传即上链，上链即确权，文艺作品的版权权益在个人而非平台手中。

公开的文艺作品接受社区大众"权益积分"点评，作品依照约定规则，按热度、好评度和投票名次，获得平台"权益积分"奖励和评级。同时参与者、点评者也享有一定回馈权益奖励，产生良性互动，建立良好生态。

当作品接受度很高，出现了意向购买方或者使用方时，可以依据链上时间戳证明版权，制定基于版权出售、租赁的智能合约，双方基于区块链技术的信任加持，完成交易。同时在交易规则设置上可以进行作品的投票。

当"积分上限"达到之后，不再进行放出，但文艺主题仍可由个人或团队进行发布，积分依旧在平台内自流转。维护人员只需要使用 Lua 结合虚拟机，便可进行开发维护。图 24-1 所示为区块链在知识产权交易平台项目的运转原理。

区块链技术的运用，极大地促进了该平台的良性运转。首先，区块链的链式结构与时间戳的应用，成为用户作品版权最佳的时间证明。其次，区块链去中心化的架构，使得确权环节不再需要权威机构背书即可实现，并且链上每个版权作品的版权流转，都可进行查询，交易市场将被透明化。最后，区块链上的数据记录形式，保证了能追溯到每个账户的各笔交易，并且每个账户对应的地址是永久性的，一个账户的诚信度将在同平台上公开，有助于良币驱逐劣币的市场氛围的形成。

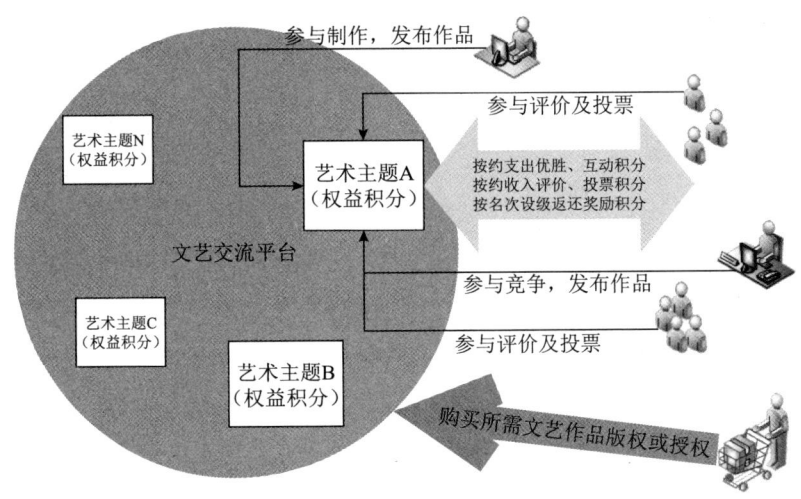

图 24-1 区块链在知识产权交易平台项目的运转原理

运用区块链技术进行"数据价值的分配"将是物联网时代的常态

前文所述溢唐数据所做的一系列类似"看广告,得 Token"的项目,是"数据产生者即可分享数据价值"的一种应用。在这类项目中,表面看起来 Token 类似于积分,实质却不同。其一,Token 背后的承兑价值是数据的价值;其二,这些 Token 的价值跟其背后的数据的被使用频率和产生的价值挂钩,经过用户授权后的数据使用频次高,那么用户 Token 的价值也会水涨船高。在这个模型下,这类 Token 实际上已经可以称之为数字资产,即:用户通过自身数据资产化后获得的收益凭证。

"要将这种数字资产完全规范化,还需要一系列的软硬件基础设施。"史伯平如是说。

"第一,在硬件上,需要有一种去中心的数字资产交易及清算机制和系统,毕竟数据寡头的诱惑力太大了,任何控制数据的中心化机构和组织都有很强的'作恶'动机。这套资产交易和清算系统不可避免地会跟物联网深度结合。

"第二,在算法软件上,需要有数字资产的估值理论和市场化的敏捷定价体系,做到随时贡献,随时定价,随时收益。

"第三，在社会软件上，需要完整的国家立法和监管机制，防止其中出现作恶，并保证整个系统的公信力。这同样需要借助物联网的力量。"

总之，在"不碰用户数据"这一论调已经出现了信任危机的时候，物联网将带来更多有价值的真实数据的时候，勇于承认"我用了你的数据"，并敢于征求用户的同意，同时愿意"把通过数据获取的利益回馈给用户"，将成为常态。

笔者非常喜欢英国诺森比亚大学纽卡斯尔商学院终身讲席教授、英国剑桥大学可持续领导力学院院士熊榆在给《区块链与产业创新》一书所作序中说的一段话：过去，我们需要依靠大型有公信力的机构作为中介来提供认证服务，以帮助人们建立起信用关系。这些机构并没有提供某种有形产出，主要通过中介服务抽取佣金，却积累了非常高额的利润。这种中心化的大型机构垄断了信用认证和信息交换的渠道，一定程度上让社会的两极分化愈发严重，贫富差距不断加大。同时，一些机构出售用户信息获取商业利益。区块链技术的出现，能够将商业巨头原本从普通用户身上攫取的利益返还给用户。用户原本就应该享有自身各类数据的所有权，进而分享这些数据带来的利益。区块链提供了实现这个确权和分享过程的手段。

第二十五章
无人系统技术：地球上第三大生态系统形成的核心

物联网说到底是一种理论概念，或者说是一种技术逻辑。随着各种各样以物联网为基础的"无人化"应用不断涌现，这种技术逻辑以更为具象的形态——无人系统技术展现在人们面前。基于无人系统技术，机器开始具有"生命"，乃至形成更加复杂的"生命体系"，人造的机器生态系统开始像人类生态系统一样"存活"于地球。

最近10年，出现了很多以"无人"命名的新物种：无人机、无人驾驶汽车、无人船、无人售货机、无人商店、无人KTV房等，就在2019年年初，无人皮肤测试仪、无人量体裁衣箱、无人理发箱等开始出现在大大小小的商场里，甚至无人工厂的实际应用也已经被提上日程。无人操控物品和无人自助服务已经成为这个时代的新业态，而支撑这种新业态运行的则是以物联网为基础，将通信、云计算、大数据、超算、人工智能、AR/VR等技术进行整合应用的无人系统技术。

今天我们看到的一个个微小的无人化应用，只是无人系统技术在不同领域不同层次应用中的具体体现。实际上，这样一个个独立的无人化应用正在构成一个新的生态系统——机器生态系统。一旦这个生态系统形成，那么它将是继自然生态系统和人类生态系统之后地球上出现的第三个生态系统。

自然生态系统和人类生态系统的相互作用

根据科学家的研究，从地球自原始的太阳星云中积聚形成一个行星到现在的年龄，大约有45.5亿年。根据考古发现，人类的文明可以追溯至250万年前，而有文字记载的文明则开始于5000年前。也就是说，在过去的45.5亿年间，地球上先后出现两大生态系统：自然生态系统和人类生态系统。在人类没有出现之前，自然生态系统完全主宰地球；在人类出现之后，自然生态系统和人类生态系统开始相互作用。

在科学的描述中，自然生态系统是指在一定时间和空间范围内，依靠自然调节能力维持的相对稳定的生态系统。自然生态系统不但为人类提供食物、木材、燃料、纤维以及药物等社会经济发展的重要组成部分，而且还维持着人类赖以生存的生命支持系统，包括空气和水体的净化、洪涝和干旱的缓解、土壤的产生及其肥力的维持、废物的分解、生物多样性的产生和维持、气候的调节等。

人类生态系统是指地球上的居民与生存环境相互作用的网络结构，也是人类对自然环境适应、加工、改造而建造起来的人工生态系统。在这个系统中，一方面，自然环境以其固有的成分及其物质流和能量流运动着，并控制着人类的活动；另一方面，人类活动又不断地改变着能量的流向与物质循环的过程。这两方面互相作用又相互制约，组成一个复杂的以人为中心的生态系统。

总体来说，自然生态系统是按照一种"无我"的机制，以万物的形态，并且以给予万物均等的造化机会的形式而存在的。正所谓"天地不仁，以万物为刍狗"。而人类生态系统是"以人为中心"的，以取自然界中能为人类所用之物，直接利用或进行改造后使用，来满足人类的"自我"需求的形态而存在。所以人类始终认为自己是地球上的"高级生命"。

也正因为如此，自有文字记载的人类文明开始，人类一直致力于突破自然生态系统的束缚。一方面是为了解决人类的当下所需，另一方面是源于人类对自然力量的恐惧。但是，大部分努力都是无果的，直到 200 年前机器的发明，人类才稍稍从自然界中夺得一点点主导权。比如人类发明了工业机器，可以昼夜不停运转；人类发明了高速火车和飞机，可以满足人们在世界各地快速穿行；人类发明了计算机网络，可以让信息瞬间传遍全世界；人类建立了气象站，可以提前预知气候的变化；人类致力于建造地质监测仪，以预测地震、山洪等自然灾害；人类发明了宇宙飞船，可以探索外太空；人类发明了深海潜水器，以深入了解万米以下的海洋世界。

正是因为人类这样不断的探索，使得机器生态系统得以出现。不过，就像人类生态系统衍生于自然生态系统，是自然生态系统自主能动性最强的一部分一样，机器生态系统是人类对自然力量多次加工改造后，创造出的另一个具有自主能动性的生态体系。然而，今天的机器还仅仅是机器，因为它们还没有"生命"，核心原因在于"大脑"的缺失，无论是单个机器，还是机器群体，都因缺乏"大脑"，所以其运行依然离不开人为干预。图 25-1 所示为三大生态系统的关系。

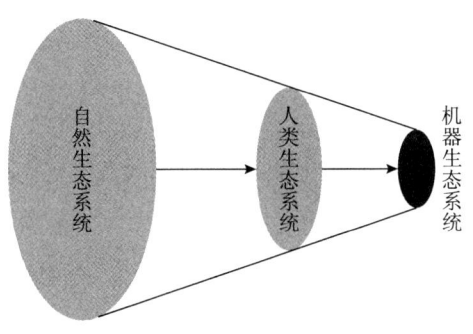

图 25-1　三大生态系统的关系

无人系统：机器生态系统能够独立运行的大脑

人类开始对世界有一定主导权的 200 年，应该说是机器生态系统萌芽的 200 年。在这 200 年间，人类社会取得的进步远远超过了过去的 5000 年，这些进步就是从机器的发明开始的。时至今日，人类所发明创造的机器和工具，已经极其丰富，几乎已经能够解决人类当前遇到的主要问题和满足人类当前生存中的基本需求。但是这种丰富也带来了新的矛盾，同时也让人类对机器的能力萌生了更加"极致"的追求，"机器智能"便成为人类社会发展的新需求。

一方面，人类在创造和使用机器的过程中，开始对自然力量过度开发、过度利用，乃至到了极度破坏的状态，致使自然生态系统和人类生态系统的既有平衡被打破，使自然生态系统开始对人类生态系统进行反噬。然而，这种破坏并非人类的本意，同时人类也不可能再回到原始社会的生活状态，所以找到能够保持自然生态系统不被破坏，而人类社会又能进一步发展之间的平衡点，就成了人类社会当前发展的核心诉求之一。人类自身穷其所有也不可能触达自然界的每一个角落，所以只能借助于机器，还必须是更智能的机器。

另一方面，得益于对机器的大规模应用，人类才于最近 200 年取得了快速发展，并能够实现从生存到生活的跨越。今天的人类已经不仅仅满足于"生活"，而是开始追求"美好生活"。什么是美好生活？用一位物联网企业创始人的话来讲就是：在车间里拧螺丝的工人也能够一边在咖啡厅里喝咖啡，一边掌握工作进程。这将如何实现呢？就是让一台智能机器去取代他的工作，他只需监管这台机器即可。实际上，这样的情况正在西门子的智能工厂中上演。

也就是说，当前人类社会需要反哺自然生态，以及追求美好生活的需求，催生了能够独立运行的机器生态系统的到来。就像2008年IBM提出的智慧地球，现在我们不断提出的智慧城市、智能交通、智慧医疗等概念，乃至现在已经出现的各种无人化应用，都是人类设想中的机器生态系统的表现形式。而这些概念能够成立、这些应用能够实现的背后，离不开一套独离于人的直接操控、能够自行运转的软件系统，比如阿里巴巴提出的"城市大脑"。当然，不是任何一个这样能够支撑无人化应用的系统都像"城市大脑"一样复杂庞大，也不可能一个系统一统天下（人类社会还有近200个独立的国家，还有数以亿计的企业组织），不过这些系统可以统称为无人机器系统。而无人机器系统便是机器生态系统能够形成和生长的核心。同时，无人系统技术则是无人机器系统形成的基础。

无人系统的三种应用形态，同时也是三种层级。

第一，支持个体机器独立运行，即让每一台机器都能够像人一样，拥有独立思考和解决问题的能力，主要是解决专业问题。

第二，支持群体机器独立运行。这种应用形态又可以细分为：支持单一品类机器群体的场景化应用，比如共享单车、无人机、无人售货机等；支持单一场景中的多品类机器群体，比如智能家居、智慧工厂、智能交通、智慧城市等场景中，都是需要多种智能设备互操作才能实现应用。

第三，支持机器集群的独立运行。这种形态主要发生在跨场景的应用需求下。就像我们人类生态系统中个人与集体之间需要进行业务交互、企业与企业之间要进行商业往来一样，根据机器的"业务需求"，单个机器也需要跟群体机器，以及群体机器之间，甚至机器与人，与自然界之间都要进行交互。这个时候就需要一套能够支撑这种复杂交互的机制。如同我们人类社会一样，政府需要制定政策法规，以保障人类生态系统中不同个体、不同群体的平衡，以及人与自然界的平衡等。

无人系统技术的研究现状

今天，当无人系统技术的研究已经被提上日程后，说明我们已经到了机器生态系统即将形成的临界点。只是这个临界点的周期相对较长。

美国是世界上首个公开发布在无人系统技术方面实施研究规划的国家。早在 2000 年，美国国防部便发布了无人机系统路线图，此后又分别于 2003 年和 2005 年发布了第二版和第三版。到 2008 年，其又发布了《无人综合系统路线图》，也就是说，对无人系统技术和应用的研究，已经不再局限于无人机。此后又分别于 2009 年、2012 年、2015 年、2018 年发布了第二版、第三版、第四版和第五版。

其中，2018 年发布的第五版《2017—2042 年无人系统综合路线图》在全世界范围内引起了较大反响。一方面，由于一些无人化应用已经出现，并且呈现出了良好的发展态势。另一方面，随着信息技术在社会经济、工业生产、生活服务等各方面的渗透，我们对机器智能的需求越来越迫切，相应地对无人系统技术的需求也越来越强烈。

中国也从 2017 年开始投入对通用"无人系统技术"的研究，比如西北工业大学、同济大学等高校，都先后成立了无人系统技术研究院，进行理论和技术方面的研究。同时，重庆市政府也支持成立了一个由数位归国华侨主导的无人系统技术研究院，主要从事综合无人系统技术的研究和产业化落地。据该研究院董事长乔红介绍，研究院未来的主要研究方向涵盖空中飞行器（UAV/UAS/RPAS）、陆地交通工具和机器人系统（UGVs）、水上和半潜系统（USV，UUV）、空间飞行器（Space Vehicles）的终端和行业解决方案。

正如乔红所说，不管是从国际力量对比，还是从商业应用推广层面来看，对综合无人系统技术的研究都到了"必须着手"的时刻。

但是人类发明的一切，不管是为了解决当下所需，还是为了从对自然力量的恐惧中解脱，从来没有突破"服务自我"的格局，也从来没有超越自然力量的界限。因此机器生态系统也不会超越人类生态系统的局限，可能在其"成长"的过程中，会对人类生态系统造成一定的破坏，但是绝对不会构成灭绝性的威胁。就像人类努力了数千年，乃至数十万年，都没能摆脱自然生态系统的束缚一样，人造的机器生态系统也绝不可能毁灭自然创造的人类生态系统。

后记

临界点上的物联网时代

2019年年中,亚洲最大的中文IT技术社区CSDN发布了一篇译文——《物联网已死,API万岁!》。作为坚定的物联网从业者,仅是看到这一标题,就"足够震惊"。文中还对此进行了更为"震撼"的描述:物联网已死,因为它从未真正存在过。不过随后作者给出的解释能让人稍稍平复一下心情:从技术角度来看,物联网和互联网一样,都是由连接在一起交换数据的电子设备(计算机或其他设备)组成的网络,因此物联网中的"物"只是一个规模术语,指的是几乎任何东西都可以而且将会连接到网络(不一定都是互联网)上。"毫无疑问,未来几年将有大量设备接入互联网。"

总之,就是作者否认了物联网"新"技术存在的必要性,因为他认为单纯让物连接到网络的技术跟互联网时代将计算机连接到网络的技术没有区别。但是他并没有否认物联网时代的到来,并肯定届时连接到网络的设备品类更多,规模更大。

我们到达了工业社会向信息社会跨越的临界点

实际上,产业各界人士对物联网的质疑之声从未间断,从物联网概念被提出早期的"盲目质疑",到后来的"理性质疑",乃至今天已出现了官方认可的"面向物联网的移动通信技术",都没能消除大家的疑虑。究其原因,无非是因为没有出现成功企业,没有形成成熟商业模式。所以在物联网发展的后期,还出现了"互联网+"、产业互联网等概念。而这些概念的出现,也恰恰说明信息技术在这个时代的地位越来越重要,其影响力已经跳出了表层的商业服务,开始向人类社会赖以生存发展的根本——工农业生产渗透。

曾经,当信息技术作用于商业服务时,我们生活的许多方面都发生了变化。比如,信息的传播与产生方式,以及传播速度和到达范围都已不可同日而语;商品的销售与流通方式,以及流通速度和流通范围;交易方式与支付方式等,都发生了革命性的变化,而这些变化,促使一种新业态取代了传统业态。在此过程中,信息技术也在商业领域一步步"夺取"了自己的主导权。信息技术发挥其主导权的表现是:人类对数字世界的信任和依赖,即我们开始相信"眼不见亦可为实"。买方只是从网络上看到了某件衣服的图片,就愿意下单购买;卖方看到了对方支付的信息,并没有真正收到货款,就愿意发货。

时至今日,商业服务类应用场景几乎被信息技术"全部攻破",而商业服务仅仅是整个产业的冰山一角。因此,不仅信息技术产业需要寻找新的"经济增长点",必须向行业应用"进军",工农业生产以及其他民生服务业作为商业服务的背后支撑,在商业服务全线变革的倒逼下,也必须进行自我革新。信息技术深入各行各业,并助力其从产品到管理,乃至整体运营的全面变革已是必然趋势。

这一次的深入,并非像过去20年的信息化那样,在企业内部建设一个网络中心、信息中心,或者部署一套OA系统、ERP系统等,而是信息技术将在每一个领域、每一个机构,甚至每一台机器中从辅助地位走向主导地位。最终将使人们全面信任和依赖数字世界,人类也将全面进入信息社会。

可以说,自互联网时代到来后,人类社会便到达了从工业社会向信息社会跨越的临界点状态。而最近十几年,信息技术自身的突破,比如MEMS(Micro-Electro-Mechanical System,微机电系统)、4G/5G、云计算、大数据、AI、区块链等,以及其在各行各业应用的突破,比如移动互联网、机器人、智能硬件等,又将人类向信息社会推近了一步。物联网便是这一步之后，人类社会在临界点状态下进入的新阶段。

在物联网时代，我们将实现数字世界对物理世界的全映射

将物理世界数字化，是信息技术主导物理世界的基础。而"物"联网的过程，就是将物质资料数字化的过程。当然，让"物"联网并非我们的目的，而是我们为了解决某一个问题的手段。比如我们希望将单车共享，就需要将其联网，才能进行远程监控，从而实现将其"随意"地摆放在全国各地，让用户方便地取用。

随着人们对"美好生活"以及"精细生活"的追求越来越强烈，类似这样的需求也越来越多。比如越来越多的年轻人不愿意进工厂务工，工厂不得不进行智能化改造。"生产设备联网后，通过应用程序的控制，可以实现自动化生产，或者让机器人取代人工劳动力，一方面可以节省人工，另一方面留下来的工人也能一边喝咖啡一边遥控生产进程。"再比如加油站旁边的自动洗车机，地铁站的自动饮料贩卖机，家里的扫地机器人，乃至全屋智能家居等。可以说，人们对"美好生活"的一点点追求，就能推动产业向前跨越一大步。而当前乃至以后一个时期内的每一步跨越都将和物联网相关。

在物联网应用不断增多的过程中，以"物"为核心的物理世界的数据也将不断进入数字世界。加上人类过去 30 年形成的互联网数据，以及在以前更长的历史长河中形成的文字数据，最终将形成完整的数据拼图，并实现数字世界对物理世界的全映射。

5G 到来后，物联网将迎来应用爆发期

在过去 10 年的发展中，物联网一直处于不温不火的状态。其中一个根本原因在于将物联网应用解决方案商定义为物联网企业，这也导致从业者缺少了对真正能够解决用户需求的应用的探索。虽然早期大家在探讨中会强调"应用的重要性"，但是直到 2016 年共享单车爆发，从业者才开始认识到什么是"具象的物联网应用"。随后，基于物联网的各种应用层出不穷，比如共享充电宝、共享

KTV 盒子、无人货架、无人零售商店等。虽然有些应用并不成熟，或者说从赢利的角度看，还没有体现出令人满意的商业价值，包括共享单车，但是从业者对于物联网应用的探索越来越多，说明物联网产业开始向一个更加良性的方向发展。而 5G 的到来是否能将物联网从探索推向爆发呢？

回溯通信发展史，我们会发现每一个时代都会有一些"弄潮儿"被推起。比如 1G 时代的摩托罗拉，2G 时代的诺基亚。3G 是一次革命性的跨越，所以不仅推起了做硬件的苹果，还推起了做软件的谷歌，以及围绕它们的庞大生态系统。4G，则是推起了整个移动互联网时代。到了 5G，又是一次革命性的跨越，从"以人为核心"的移动通信技术变为"面向万物互联"的移动通信技术，寓意已经不言而喻。它将带来的也不只是硬件的改变，应用的改变也必将是革命性的。正如通信领域的一位资深从业者所言：大家要抓住 5G 全面商用前的窗口期，说不定你就是下一个"苹果"。